互联网产品经理的 34 堂修炼课：

方法 + 技巧 + 案例

张永杰　著

人民邮电出版社

北　京

图书在版编目（CIP）数据

互联网产品经理的34堂修炼课：方法+技巧+案例 /
张永杰著. -- 北京：人民邮电出版社，2017.1（2020.1重印）
ISBN 978-7-115-44380-9

Ⅰ．①互… Ⅱ．①张… Ⅲ．①电子商务—企业管理—
产品管理 Ⅳ．①F713.36

中国版本图书馆CIP数据核字(2016)第302569号

内 容 提 要

随着互联网行业的迅猛发展，产品经理成为近几年炙手可热的岗位之一，吸引了很多人的目光。但是，你知道产品经理是做什么的吗？产品经理如何找准自己的定位？如何挖掘用户需求？如何把用户需求变成产品？如何协调资源，推动团队将产品落地？

针对以上问题，《互联网产品经理的34堂修炼课》明确了产品经理应该具备的基本素质和能力，介绍了产品经理应该如何管理产品团队、如何规避思维陷阱、如何做好产品开发、如何找到用户痛点、如何写好产品分析报告、如何提升用户体验、如何开展产品运营等知识。

本书从专业概念到实践方法，从成功案例到经验总结，不仅可以让外行看出门道，也能让内行看到深度，一本书就能让读者明白什么是产品经理，并且知晓如何才能成为一位合格的产品经理。

对于奋战在互联网新兴行业的产品经理来讲，这是一本可以帮你查缺补漏、快速充电的"阵前手册"；对于希望加入产品经理队伍的新人来讲，这也是一本具有实用性和指导性的"启蒙手册"。

◆　　著　　张永杰
　　　责任编辑　庞卫军
　　　责任印制　焦志炜

◆人民邮电出版社出版发行　　北京市丰台区成寿寺路11号
　邮编 100164　电子邮件 315@ptpress.com.cn
　网址 http://www.ptpress.com.cn
　北京虎彩文化传播有限公司印刷

◆开本：700×1000　1/16
　印张：14　　　　　　　　　　　2017年1月第1版
　字数：150千字　　　　　　　　2020年1月北京第8次印刷

定　价：45.00元

读者服务热线：（010）81055656　印装质量热线：（010）81055316
反盗版热线：（010）81055315
广告经营许可证：京东工商广登字20170147号

　　"互联网＋"时代是一个产品、服务挂帅的年代，产品的重要性日益凸显，产品经理也越来越受到各个行业的重视，很多人开始将目光投向了产品经理这一职位。

　　可是，他们眼中的产品经理往往是自己"幻想"出来的，或者是经过美化处理的。在他们的脑海中，产品经理似乎无需掌握具体的技能，只要有伶俐的口齿便可以傲视群雄。这样的想法让很多人认为"人人都可以是产品经理"。

　　事实果真如此吗？当然不是！

　　从管理方面说，有的产品经理不懂授权，不管大事小事都事必躬亲，沉溺于事务性工作，不能抓住工作重点；有的产品经理缺乏开拓性，追求成功的激情不足，充其量扮演着保姆、管家的角色；有的产品经理欠缺应对风险的能力，没有危机意识和市场警觉性；有的产品经理在领导面前是"传声筒"，在下属面前是"和事佬"，在客户面前是"受气包"，欠缺协调沟通的能力和领袖的魅力。

　　从产品方面说，有的产品经理太专注于技术，却忽视了全局，缺乏必要的战略眼光；有的产品经理则恰恰相反，将精力都集中在管理上，却忽视了技术和研发；有的产品经理缺乏市场意识，无法做好产品的推广运营；

有的产品经理对产品缺乏全面的了解，甚至对产品的版本管理、运营规划等缺乏关注。

其实，真正合格的产品经理，其职能是跨部门的，是联结企业内外部的桥梁。因此，产品经理必须具备各种知识和技能，包括营销规划、产品开发、财务管理、客户关系管理、时间管理、运营管理等。只有这样，企业的产品才能在竞争激烈的市场中占据一席之地。

除此之外，产品经理还要做到：为产品开发的各个事项订立优先级和先后次序，做好资源分配和人员协调工作；确保团队具有较强的研发能力，能及时响应用户需求，快速实现产品落地；要时刻关注用户需求、关注产品的硬指标，让产品设计符合市场需要，从而快速占领市场并赢得口碑；产品经理还要让自己成为一名"挑剔"的用户，这样才能不断发现产品的不足，及时进行更新迭代……

推出产品的过程是艰难的，但同样是令人愉悦的，最终收获的幸福也会让人觉得一切付出都是值得的，也许这就是产品经理这个职位的魅力所在。

目录

第 1 章

你适合做产品经理吗

一位优秀的产品经理，他推出的产品不仅可以改变人们的生活方式，甚至会改变世界。比如苹果之父乔布斯和微信之父张小龙，他们都被誉为"神一样的产品经理"。

基于这样的共识，越来越多的人对产品经理这一职位产生了浓厚的兴趣。"互联网＋"时代的到来，也让产品经理的重要性日益凸显，很多人开始关注如何成为一名产品经理。

那么，没有相关经验、没有具体技术、没有独特想法真的可以成为产品经理吗？一些人宣称这些统统没关系，他们的信念是"人人都能成为产品经理"。

可事实真的是这样吗？

1.1　零距离接触产品经理

你为什么想成为产品经理？

每个人都有自己的理由：有人觉得产品经理代表一定的身份地位，有人认为担任产品经理可以获得不菲的收入，有人认为成了产品经理就可以帮助自己实现梦想……当然，还有人认为做产品经理门槛很低。

但是，你真的知道产品经理需要做什么吗？

产品经理只是一个称谓，叫什么并不重要，其本质就是对产品负责的管理者。

就像公司的管理者要对整个公司负责、销售人员要对自己的业绩负责一样，产品经理也要对自己的产品负根本责任。

这就要求产品经理根据公司的战略方针，在产品的开发与上市过程中，协调多方资源，努力完善产品，力争达到企业预期的市场目标。

接下来，我们就从头认识一下究竟什么是产品经理。

1.1.1　什么是产品经理

产品经理这一职位最早出现在快消行业，是企业中专门负责产品管理的职位。产品经理被称为产品的"总工程师"，他们从收集用户需求开始，并根据用户需求来明确所开发产品的种类、用到的技术、采取的商业模式等，同时还要推动相应的产品开发、组织，根据产品的生命周期，协调研发、营销、运营，确定和组织实施相应的产品策略，以及其他一系列相关的产品管理活动。

也就是说，从提出产品概念到产品最终上市，每一个环节中都有产品经理的影子。那么，产品经理具体都需要做哪些工作呢？我们不妨看一下图1-1所列出的具体内容。

首先，产品经理必须能够高屋建瓴，把握产品的开发战略和发展规划。

比如，我们要开发一款App，在开发之初，就要确定这款App的目标市场是什么、目标用户是谁、希望采取哪一种盈利模式、走高端路线还是亲民路线、采取哪种风格会让产品更吸引目标用户等。只有考虑好这些问题，以后的相关工作才能做到有的放矢、少走弯路，确保资源不会被浪费。

其次，对于产品经理来说，挖掘市场需求和分析用户需求是最重要的日常工作之一。

图 1-1　产品经理的具体工作

需求就像是混在鹅卵石里的宝石，而产品经理就是矿工，需要从大量石头中挑选出最有价值的那些宝石，并且根据其价值的大小确定加工顺序。

只有做好需求的挖掘和分析工作，才能开发出最符合市场及用户需求的产品。

在完成了前期工作——产品的规划、设计、需求挖掘之后，接下来就要将这些工作具体地执行下去。在这个过程中，产品经理需要协调能够利用的一切资源，并做好团队的管理工作，让想法顺利"落地"。

1.1.2　互联网产品经理和传统产品经理的区别

互联网产品与传统产品不同，两者有很大的区别，具体如图 1-2 所示。

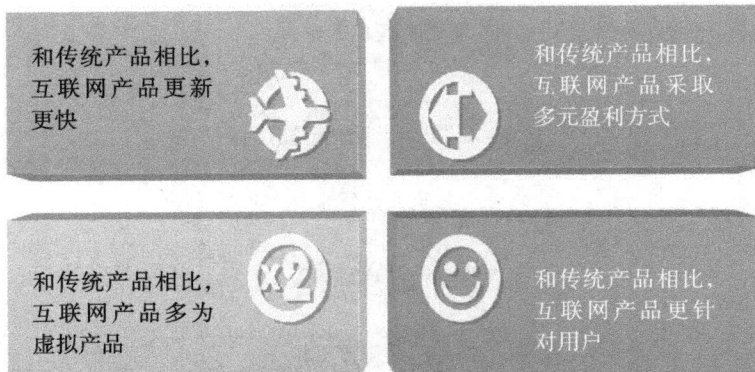

图 1-2　互联网产品与传统产品的区别

因为产品不同，所以传统产品经理和互联网产品经理的工作内容也完全不同，具体区别如图 1-3 所示。

传统产品经理	互联网产品经理
现实需求导向	未来趋势导向
重产品的实际功效	重用户的心灵体验
以价格取胜	以差异化取胜
关注产品的即期盈利	关注产品的长期竞争优势
以改良为主的渐进式创新	为抢占市场可推出颠覆性产品

图 1-3　不同时代产品经理的工作内容也不同

1．面对需求

传统产品经理满足用户需求的最终目的是让对方心甘情愿地购买自己的产品。所以，传统产品经理是以现实需求为导向的。

互联网产品经理满足用户需求的目的在于让对方有更好的体验。在这种情况下，用户更多时候是免费享受产品服务的；用户在获得好的体验之后，会自发地传播对产品有利的看法，帮助产品树立口碑，并将其飞速传播。所以，互联网时代的产品经理是以未来趋势为导向的。

2．面对产品功效

传统产品经理注重的是产品的实际功效。"能不能用""好不好用"是他们关注的问题。

互联网产品经理注重的是用户的心灵体验。"情怀""共鸣"是他们关心的问题。

3．面对核心竞争力

传统产品经理往往喜欢打"价格战"，认为"价格才是王道"。

互联网产品经理则以差异化设计取胜。

4．面对运营

传统产品经理往往关注产品对公司即期盈利的影响。

互联网产品经理则更关注产品如何为公司树立可持续的竞争力，更关注产品的长期竞争优势。

5．面对迭代

传统产品经理负责的产品一般已"久经考验"。从挖掘需求开始，到产品设计、产品制造、产品上市，都有严格的步骤。所以，传统产品经理进行产品迭代时一般是在原有产品的基础上进行改良。

但互联网产品经理就不一样了，他们必须持续创新，才能满足用户不断出现的新需求。所以，互联网产品经理为了抢占市场份额常推出颠覆性的产品。

1.1.3　产品经理的基本素质

产品经理的定位不仅是管理人员，他还身兼多职，要在用户、研发、生产、财务、采购、销售、媒体宣传等角色之间不停地转换。

这就要求产品经理应具备以下三方面的基本素质，具体如图1-4所示。

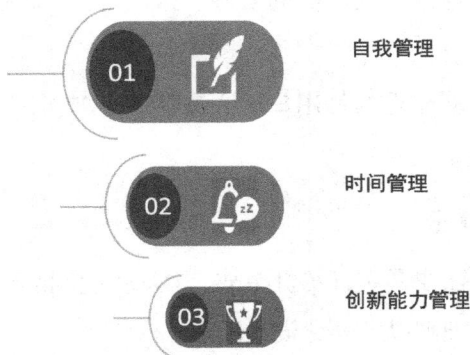

01　自我管理

02　时间管理

03　创新能力管理

图 1-4　**产品经理的基本素质**

1．自我管理

想要成为一名优秀的产品经理，就必须具备良好的沟通能力、协调能力、抗压能力、管理能力以及决策能力等。其中，最重要的就是沟通能力、决策能力和管理能力。

（1）产品经理要跟进产品从提出创意到最终面世的整个过程，必须时刻和设计、技术、运营人员以及用户等进行沟通，所以良好的沟通能力必不可少。

（2）产品经理的决策能力也要出众。因为用户的需求是多变的，一旦挖掘到用户需求，就需决定要不要去做，并且明确怎么去做。

（3）如果产品经理只是"光杆司令"，那么再棒的点子也无法顺利"落地"。产品从产生创意到最终面世，需要团队的协作。在这个过程中，产品经理要做的就是将整个团队拧成一股绳，让大家往一处发力，所以产品经理需要具备良好的管理能力。

2. 时间管理

很多时候，产品经理就像是一个"管家婆"，因为他们的工作太琐碎了。这些工作中，有的是"必选项"，有的则是"干扰项"。有时，"干扰项"会严重干扰产品经理的工作，所以时间管理就非常必要。

每个产品经理都要具有良好的时间管理能力，在日常工作中要明确自己需要做什么、怎么做、要达到什么样的效果，这样才能最大限度地节约时间，提高工作效率。

3. 创新能力管理

产品经理担负的是一个"从用户中来，到用户中去"的角色，因此他更接近用户。也正因如此，当用户需求有任何"风吹草动"时，他都能在第一时间收到。很多时候，用户的需求都是前所未有的，这就需要产品经理具备优秀的创新能力，能够想别人所未想、做别人所未做，创造性地满足用户的需求。

1.2　互联网时代，产品经理需要扮演四种角色

产品经理的角色不是固定的，在需要的时候，他们甚至要变得像普通用户那样"不专业"，因为绝大多数的用户都不是专业人士，只有这样才能像他们一样思考。

在互联网时代，产品经理经常需要扮演四种角色，那就是观察者、策划者、执行者、反馈者。

1.2.1 产品经理是观察者

如果想开发一款面向大众用户的手机软件，你会选择图 1-5 中的哪种做法？

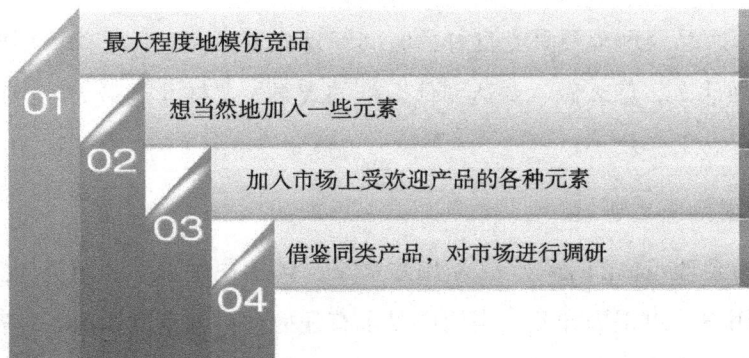

图 1-5 开发手机软件的不同选择

（1）最大程度地模仿已经成功的同类产品。

（2）加入大众用户可能喜欢的元素，如卡通形象或者花哨的页面设计等。

（3）将受欢迎的竞品元素"大锅烩"，糅合成自己的产品。

（4）观察用户以及竞品，围绕用户的痛点进行调研，明确用户的真正需求是什么，以及竞品成功的关键因素。

有些产品经理可能会选择前三种做法，在他们眼中那样做是走捷径，能缩短产品面世的时间，同时也能大大地节约成本。但这样做的后果，就是推出来的产品可能根本不符合用户的需求，或者毫无特色，没有任何市场竞争力。

现在广受好评的 QQ 邮箱在面世之初曾一度受冷。很多用户觉得它既不方便又操作烦琐，简直是鸡肋般的存在。

在这种情况下，腾讯决定将 QQ 邮箱回炉再造。可是用户心目中理想的邮箱应该是什么样子的？为了搞清楚这个问题，腾讯的产品经理们开始不断地观察、研究，并在研究过程中采用 10/100/1000 法则——产品经理每个月对 10 个用户进行调查，关注 100 个用户对产品提出的问题，收集 1000 个用户的反馈。

通过一系列的观察和研究，产品经理终于明白了用户想要什么，并成功地对 QQ 邮箱进行了"改造"。结果，重新打造的 QQ 邮箱一经面世便好评如潮。

想成为优秀的产品经理，必须注意观察以下两点。

第一，要观察数据。具体包括产品运行时的数据、产品实验数据以及产品发布或者新功能发布后的影响评估。通过观察这些数据，可以了解用户对产品的态度，进而对产品进行优化调整。

第二，要观察市场。通过市场研究、趋势预测、管理咨询等方式，寻找竞争者不曾涉足或者影响较小的领域；此外，要关注"强弱"信号——即用户青睐某一功能，却对其他一些功能缺乏认知，"强弱"信号经常转变，产品经理抓住这种转变就等于抓到了用户的心理变化趋势；最后，要观察市场现象之间的联系。

1.2.2 产品经理是"发明家"

产品经理每天都会面对各种各样的问题，而且这些问题会随着时代的变化而变化，你的经验、知识有时无法应对某些新的问题，你该怎么办？

此时，最简单的办法就是让自己变成"发明家"。

首先，我们可以和用户亲密接触，直接观察并亲身了解用户没有表达出的需求。比如，我们可以采用"抽象之梯"（即不需用户直接参与讨论，而是通过让用户对某一功能或某一设计发表意见，进而对用户的构想加以分析研究）等方法（见图1-6），对用户需求进行解读，并在这个基础上进行产品创新。

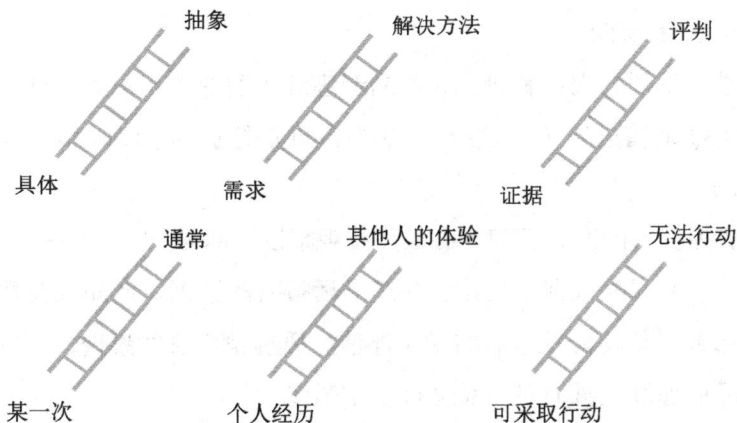

图 1-6 "抽象之梯"法

其次，我们可以去寻找潜在的突变趋势。别盲从所谓的"领袖企业"，而是要敢于提出自己的想法。

最后，要将企业的能力、资源等要素进行整合，集中"兵力"打造拳头产品的拳头功能，而不是分散"兵力"去做一款面面俱到的产品。

让我们看看腾讯是如何做的。

在 QQ 如日中天的时候，腾讯公司内部已经意识到危机了。他们知道，互联网时代不存在什么"常青树"，任何产品都有其生命周期，更新换代是不可扭转的趋势。

腾讯的产品经理还注意到一点，那就是互联网开始从 PC 端转移到移动端，QQ 是否做好了从 PC 端转移到移动端的准备？除此之外，互联网时代还是一个快速迭代的时代。各种产品，尤其是互联网产品，它们的迭代速度实在是太快了。在这种情况下，要想打造好产品，不仅要分析用户当下的需求，更重要的是提前分析用户将来的需求。那么 QQ 用户当下的需求和未来的需求又是什么？

经过严格的调研分析，腾讯的产品经理们充分发挥才智，推出了新一代产品——微信。

作为一款社交软件，微信完美地解决了互联网从 PC 端转移到移动端的问题，同时也满足了用户未来的社交需求。

最重要的一点是，它是腾讯自己的产品。QQ 是被竞品颠覆还是被自己颠覆，显然不是同一个概念。

1.2.3　产品经理是协调者

很多公司都有这样的体会：如果产品经理联系不上了，哪怕只失去联系一天，甚至是一个小时，就会发现公司里很多工作不顺畅，产品的进展又被拖延了。为什么会出现这样的情况？因为产品经理这个"协调者"不工作了。

作为产品经理，必须有良好的沟通能力和协调能力，只有这样，团队才能保持横向、纵向信息畅通。

然而沟通协调能力对很多产品经理而言却是弱项。比如，领导的意见有误，他们不敢"仗义执言"；产品出现问题，他们不能"敢作敢当"……这肯定是不行的。

面对这种情况，完全可以按以下方式去处理。

第一，按流程办事，对事不对人。这也是陌陌董事长兼 CEO 唐岩推荐的方法，他在《我对陌陌企业文化的五点理解》中，就强调了陌陌的企业文化是对事不对人的。

第二，取得上级领导的理解与支持。这一点很重要，能帮助产品经理排除很多不必要的沟通障碍。

第三，产品经理对自己的产品要了如指掌。只有这样，才能明确哪些是重要的、需要第一时间协调解决的、需要通过沟通争取资源倾斜的。

1.2.4　产品经理是超级用户

要想产品被用户接受，产品经理首先必须成为自家产品的超级用户。

产品经理需要在不同环境、不同场合中使用自己的产品，以便在产品出现什么问题时能第一时间了解，并根据收集到的信息对产品进行优化。

要想成为超级用户，"同理心"不能少。这就需要产品经理"忘记"技术、知识、习惯，像真正的用户那样思考，还原用户的使用场景，进而分析用户的核心需求。

优秀的产品经理都热衷于自己做产品测试，就像雷军那样。

雷军既是小米手机的 CEO，同时也是小米手机的超级用户。

作为小米手机的 CEO，他有一定的"特权"，那就是能够成为第一批使用新手机的人。他发布的微博内容，要么是有关小米 4C 的，要么是有关红米 Note 4 的，从他的微博就能知道他对自家的产品是多么爱不释手。在小米的发布会上，为了展示小米 Note 出色的前置摄像头，他甚至会亲自演示自拍。

雷军将自己定位成产品经理，这展示了一种态度——我对产品有极致的追求，我了解产品的每一个细节，我愿意从用户的角度出发做产品。

人们对小米的喜爱，是对雷军这类产品经理最大的肯定。

1.3　产品经理的自我修养

在有些人看来，产品经理的岗位要求似乎很"低"——它不像其他岗位那样对能力有硬性的要求。

抱着这种心态入行的人，一般成不了优秀的产品经理。要知道，将抽象的需求落实为具体的产品并不是一件简单的事，对产品负全责的产品经理也不是一个简单的职位。

要想成为合格的产品经理，必须努力学习各类产品知识（这种学习是贯穿于产品经理整个职业生涯的），并不断地进行实践；在实践的过程中，需要与团队成员不停地探讨，而这些只是基本要求。如果你想再进一步，成为优秀的产品经理，需要做得更多。

首先，你需要"忘我"。只有忘掉自己的"身份"，你才能做到换位思考，把自己当成真正的用户，从用户的角度看问题，进而找到真正的用户需求。

其次，你需要有责任心，当产品出现问题时能勇于担责。只有做到这一点，才能让团队成员为你的人格魅力折服，才能让用户对你的产品产生信心。

最后，你还需要不断地收集信息。收集竞品信息和用户信息要齐头并进，做好这一点，会让产品经理受益良多。

1.3.1　用户意识：懂用户才能做好产品

我们先看一张图，感受一下用户表述出的需求与真正的用户需求之间有多大的差异，具体如图 1-7 所示。

客户如此描述需求	项目经理如此理解	分析员如此设计	程序员如此编码	商业顾问如此诠释
项目文档如此编写	安装程序如此"简洁"	客户投资如此巨大	技术支持如此肤浅	解密：实际需求——原来如此

图 1-7　用户表述的需求与用户真正的需求之间的差异

如果我们单纯地按照用户的描述生产产品，那么用户的需求很可能不会得到满足。若没有"用户意识"，则只能获得伪需求。

很多产品经理不具备用户意识，产品做到了最后，仅成为满足产品开发人员需求的产品。这样的产品大多没有生命力。

Google 曾经推出过一款社交产品 Buzz，是计划用来对抗 Facebook、Twitter 的，可是它的性质却和这两个竞争对手完全不一样。

Buzz 并不是一款"独立"的产品，它依附在 Gmail 上。Gmail 是一款邮件产品，而 Buzz 则是一款社交产品。也就是说，如果你想尝试用 Buzz 来进行社交，前提条件是拥有 Gmail。

这就决定了 Buzz 并不是完全"开放"的社交软件，更像是一款亲人、朋友、同事之间交流的工具。它的圈子小，覆盖的范围自然也不够大。另外，邮件产品和社交产品两者的使用方式并不一致，使用 Gmail 的用户目的性较强，而使用社交产品的用户随意性更强。

正因如此，Buzz 推出后便遇冷，不管是用户的停留时间还是访问频度，都远远比不上其他社交产品。挣扎了两年之后，Buzz 始终无法获得足够规模的用户数量，最终退出社交软件这片"江湖"。

这个结果让 Google 高层大为惊讶，因为在推出 Buzz 之前他们曾经做过测试，当时的反馈结果很好。这究竟是为什么呢？

原来，Buzz 内测的时候好评如潮的确不假，但是内测的对象有问题：它测试时面向的用户并不是普通的用户，而是 Google 的工程师们。

1.3.2　应变能力：完美应对突发事件

如果一款风头正劲的产品忽然卷入一起恶性事件中，尽管这款产品本身没有问题，但仍然会在网络中受到不明真相的网友的指责。如果你是负责这款产品的产品经理，面对这样的情况你会选择图 1-8 中的哪种方式去处理呢？

第一时间发声，在解释说明
的同时利用营销策略，把不
利变有利

第一时间发声，在解释说明
的同时做出策略调整，以扭
转局面

官方发声，做出解释说明

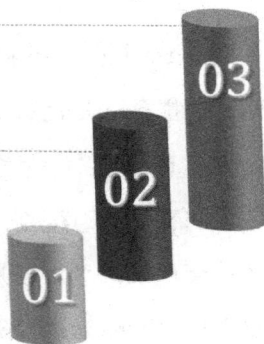

图 1-8　不同产品经理的不同应对方法

第一，在官方微博、官方网站上发声，做出解释说明。

第二，第一时间利用媒体发声，将事件的来龙去脉解释清楚，并进行策略调整，希望能扭转这样的局面。

第三，第一时间利用媒体发声，将事件的来龙去脉解释清楚，并巧妙借助应对策略，将网友对自身的误会变成一次新的营销。

很明显，最好的处理方式是第三种。

几乎所有的产品经理都会遭遇突发事件，这些突发事件都具备统一的要素——意外性、聚焦性、破坏性以及紧迫性。

我们看看"乐事"在遇到这种情况时是如何处理的。

在"快播"案件审理过程中，有部分网友对"乐事""乐视"分不清楚，竟然对"乐事"进行攻击，不仅到"乐事"的微博上叫骂，甚至还爆掉了"乐事"的贴吧。

面对这样的情况，"乐事"在第一时间表明立场："不是所有的'乐Shi'都是'乐事'，祝大家猴年安享乐事。"

随即，"乐事"又发布了一条微博，表示"背了一晚上的锅"，"心都碎了"，并附上了产品图案，告诉大家"只要用心，总有乐事"（图 1-9）。

图 1-9 "乐事"的危机公关

"乐事"的回应无疑是成功的。它的解释说明全部用传播速度最快、裂变效果最好的新媒体平台发布,让网友能在第一时间了解真相。而且,"乐事"做到了顺势而为,利用有些网民的过激反应,给"乐事"做了一次规模大、范围广、效果好的广告宣传。

1.3.3 信息收集:预测用户未来的需求

在互联网时代,事物的发展变化太快了。作为产品经理,不仅要关注用户当下的需求,还要预测用户未来的需求。

用户未来的需求如何预测呢?大致有以下三种方法。

第一种方法,就是把自己当成用户。首先,将自身代入用户角色,收集相关信息,客观地进行思考;然后再切换回产品经理的角色,根据收集到的信息理性地进行分析。

第二种方法，是用数据说话。我们可以通过问卷调查、目标用户访谈或者深度调研等方式获得相关数据，将其作为我们预测用户未来需求的重要依据。

第三种方法，建立用户心理体系，对用户的心理、行为进行完整、体系化的认知，并利用这套体系来指导我们预测用户未来的需求。

"滴滴出行"将第三种方法运用得炉火纯青。

高峰时段打车难、经常被拒载、偏僻路段等不到车，乘客有乘客的难；油价高、份子钱高、空载率高，司机有司机的苦。如果有一款软件，能在方便乘客的同时，帮助司机省出油钱、降低空载率、接到更多的订单，肯定会受到市场的欢迎。

在这样的情况下，"滴滴出行"（最初名称为"滴滴打车"）便出现了（图 1-10）。

图 1-10 **"滴滴出行"深受用户欢迎**

"滴滴出行"之所以会取得成功，是因为产品经理通过分析用户的心理和行为，成功预测了用户未来的需求。

1.4 产品经理的黄金法则——效率第一

很多产品经理都在感慨时间不够用，其实这些产品经理只是缺乏明确、科学的时间规划。

要想做好时间规划，产品经理就要对工作内容进行整理和分类，按各项工作的重要程度进行简单排序，优先处理重要的、紧急的事情，然后再处理次要的、不紧急的甚至无足轻重的工作。

仅仅这样做还不够，产品经理还需要学会聚焦和屏蔽。如果产品经理能够将注意力聚焦在应该做的事情上，并屏蔽干扰工作的事情，就会发现工作效率将大大提升。

1.4.1 克服拖延症

你有没有以下习惯？

作息时间不规律，经常晚睡晚起；

对某些不重要的小事上瘾；

喜欢整数，比如原本要 8：45 开的会，刻意改在 9：00 开；

截止日期能让你真正地忙碌起来；

在真正开始工作前，你认为工作内容非常简单，等到真正开始工作后，你会发现工作内容困难得超乎想象；

……

如果你具有以上几种习惯，那就说明你很可能有"拖延症"（图 1-11）。

图 1-11　拖延症的几大表现

拖延症是一种心理上的逃避行为。在趋利避害的本能的驱使下，很多人在面临困难工作时往往找各种借口逃避，结果适得其反，越拖延压力越大，工作的困难程度也越大。

那么该如何对抗拖延症呢？

第一，最好不要同时开展多项工作，改成开展单项工作。这不仅能提升工作质量，还能保证工作效率。

第二，用全神贯注的状态进行工作，这样远比朝三暮四、精神散漫的工作状态效率高。

第三，按照重要程度对工作进行划分，优先完成最重要的工作。

第四，早点起床做好一天的规划，对缓解拖延症也有很大的帮助。

1.4.2 掌握时间管理术

如果想让你的工作游刃有余，时间管理术就是你的必修课。

时间管理需要利用四象限法则，即按照任务的重要程度将其划分为四个象限——既紧急又重要、重要但不紧急、紧急但不重要、既不紧急也不重要，具体如图 1-12 所示。

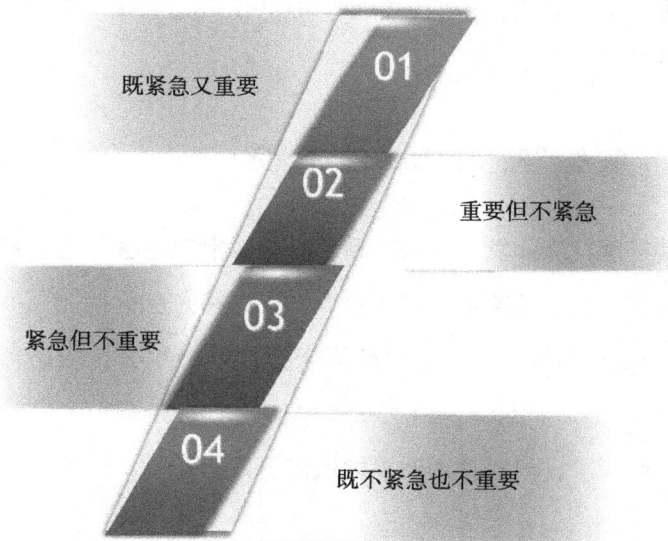

图 1-12 四象限法则

明确了工作的重要程度，我们便可以合理地分配时间。马克·吐温曾说过："如果你每天早上醒来之后所做的第一件事是吃掉一只活青蛙的话，那么你就会欣喜地发现，在接下来的一天里，再没有什么比这个更糟糕的事情了。"这句话套用在产品经理身上依然适合，所谓的"活青蛙"就是最艰难、最急需处理的工作。

另外，我们必须学会从工作中提炼"模板"。想一想，我们每天处理的工作都是不同的吗？其中有没有重复的部分？在重复的工作中有没有可以套用的程序？

如果能从工作中总结出相应的"模板"，就大大节省了不必要的重复劳动时间。

除此之外，我们最好学会"记账"，把我们耗费的时间清晰地记录下来。这样，我们就能在第一时间了解时间都去哪儿了。

明确花了多少时间在哪些事情上，有利于我们调整工作顺序，更好地进行时间管理。

1.4.3 戴上"截止日期"的紧箍咒

当产品经理打算开发一款新产品的时候，常常会遇到这样的情况：

马上就要到截止日期了，却忽然想出了更好的点子；

虽然到截止日期了，但是产品仍未做到尽善尽美，依然存在修改的空间；

截止日期到了，但是觉得似乎能做得更好；

……

这些产品经理都有一个通病，那就是无视"截止日期"。这么做会有什么后果呢？产品距离面世遥遥无期。

当然，我们得承认，为了"截止日期"而忽视产品质量是不可取的。但是，按照"截止日期"准时完成任务也有利于提高用户的满意度，毕竟用户可以准时拿到期待已久的产品，而不是失望地离去或继续空等。

那么我们该如何妥善利用"截止日期"呢？

第一，利用倒计时牌。我们可以将"截止日期"做成一个倒计时牌，通过这个倒计时牌让自己始终有紧绷感。

第二，利用重要事项提醒。我们可以设置一个提醒闹钟，最好选择 11:00 到 12:00，或 16:00 到 17:00。在这两个时间段，人们容易懈怠，这时闹钟一响就会让我们意识到——时间真的不多了。

第三，每日做好工作记录。我们可以建立表格，将每天的工作进度记录下来，通过这种方式鞭策自己，提高自己的工作效率。

1.4.4　化繁为简，分解复杂任务

对很多人来说，生活中最轻松愉悦的事情之一，莫过于嗑瓜子了。

人们很容易拈起一颗瓜子放在嘴中。一旦吃了第一颗，接下来就是第二颗、第三颗……

即便中途被打断，人们在不需要提醒和督促的情况下也会继续吃。

为什么吃瓜子会令人感到轻松？

因为嗑瓜子很简单，而且马上就能享受到劳动果实。

现在回到我们的主题上，如何将烦琐、复杂的工作变得如同嗑瓜子一般轻松愉悦？

最简单的办法就是分解任务！一个任务往往是由很多小任务组合起来的，如果我们能有效地对任务进行分解，那么每一个小任务就变成了一颗"瓜子"，解决它不需要花费太多时间，而且可以经常享受任务完成的愉悦感（图 1-13）。

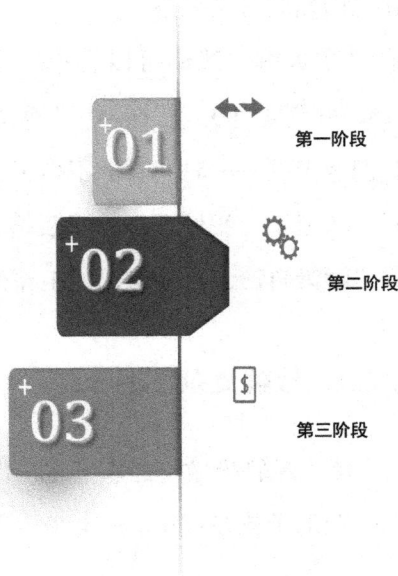

图 1-13　将大任务分解成小任务

　　杰克·多西就是一位分解任务的高手。他被称为"改变世界的程序员"，因为他是 Twitter 和移动支付公司 Square 的创始人。Twitter 改变了全球实时信息的流通方式，后者则开辟和引领了移动支付的新模式。

　　杰克·多西每天的工作量可能让普通人瞠目结舌。但是他处理起来却游刃有余，因为他善于分解工作。

　　让我们先看看他的工作时间表：周一是他的会议日，集中处理业务运营问题；周二是产品开发日，集中处理产品开发所遇到的各种问题；周三以市场和营销为主，主要解决这两方面的问题；周四要见合作伙伴，并针对合作的相关问题进行洽谈；周五重点关注企业文化等相关问题。

　　从他的工作时间表中我们可以看到，他把工作内容拆分成一个个的小单元，每天集中解决一部分，这让他面对的任务顿时清晰起来。

1.5 产品经理需要具备哪些能力

产品经理的能力该如何衡量呢？

如果一位产品经理能成功挖掘到用户的需求，并据此推导出产品应该具备的功能，保证了产品顺利上线，并为产品运营保驾护航，最终实现企业制定的目标，那他是不是优秀的产品经理呢？

不，这样的产品经理只能称得上合格。

在互联网时代，产品经理需要面对快速变化的用户需求，以及竞争十分激烈的市场环境。要想在这种环境中生存下去，就必须不断地开发新产品，只有这样才能应对产品生命周期急剧缩短所带来的危机。

在这样的情况下，不同的企业对产品经理有不同的要求，但是最基本的要求都大同小异：预测行业发展趋势，把握用户的核心需求，合理分配资源。

1.5.1 预测行业发展趋势

在普通人看来，微信已经是比较完善的产品了，但是到目前为止，微信公众平台还是标注着 beta（测试），仍然在持续地改善和升级。因为在互联网时代，静止是最可怕的，产品如果"静"下来，则意味着随时可能被淘汰。

所以，产品经理必须不停地"动"。这里的"动"，主要是指能预测行业发展趋势。

一个好的产品经理要具有前瞻性和预见性，不仅要关注眼前的得失，还要将眼光放长远，预测行业未来几年的发展趋势。

这听起来很容易，事实上很少有产品经理能做到。

大部分的产品经理不过是企业管理者意愿的实现者，他们只会"机械"地满足领导的意愿。上面怎么说，他们就怎么做，没有太多的主观能动性。

产品经理必须能根据行业历史和现状来预测行业的发展趋势。通常的做法是通过相关的数据来建立模型，做出数据预测，进而预测行业发展趋势。他们还可以用逆向思维法来预测行业发展趋势，简单来说，就是按照和目前相反的方向来推断行业发展趋势，就像雷军做的那样。

雷军曾经对国内的手机游戏（下文简称"手游"）的现状表达不满。在他看来，真正的手游产品必须具备完善的社区交流功能，但是很少有手游能够做到这一点。这导致很多手游都昙花一现，不管是产品的趣味性还是生命的持久力，都远不及 PC 端游戏。

2015 年 11 月，小米互娱和金山云在海口举行了盛大年会，雷军在会上发表了演讲。他表示，自己对竖屏 RPG 游戏充满了期待，并预测手游的未来集会点分别是社区型竖游戏、轻游戏和 IP 价值。

正是凭借着雷军和其他产品经理出色的行业预测能力，小米互娱的发展越来越好，毕竟他们有明确的发展方向和努力目标。

雷军对手游行业的预测，正是基于逆向思维的方法——手游行业存在多少问题，就存在多大的改良空间；对其进行分析，就能找到行业发展的趋势。

1.5.2 把握用户的核心需求

互联网时代做产品的门槛似乎越来越低，这就给很多产品经理一个错觉——在互联网背景下，做产品很容易。

尽管门槛确实低了一些，但是同质化的产品也越来越多，与竞争对手之间的"厮杀"越来越激烈，市场变化越来越快……这些都为一款产品的成功设置了重重障碍。

在这种情况下，产品经理如何让自己的产品脱颖而出呢？主要有以下三种方法，具体如图 1-14 所示。

第一，不断创新，做到"人无我有"；

第二，加大投入，做到"人有我廉"；

第三，注重品质，做到"人廉我优"。

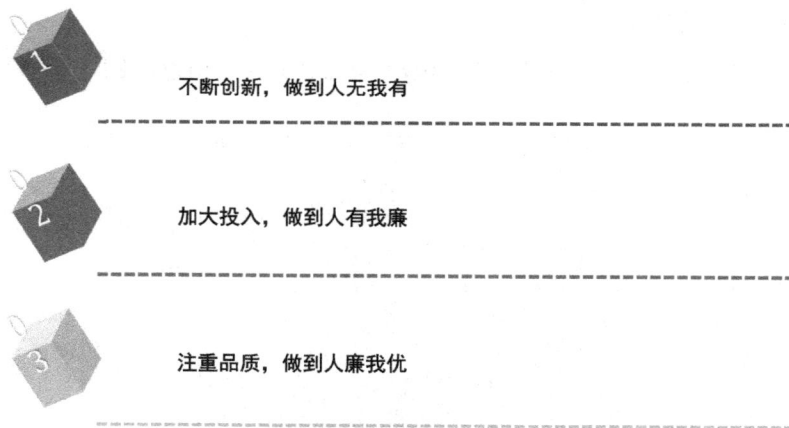

不断创新，做到人无我有

加大投入，做到人有我廉

注重品质，做到人廉我优

图 1-14 应对竞争"三步走"

除此之外，产品经理工作的关键还在于抓住用户的核心需求。产品经理可以用以下方法去挖掘目标用户群的核心需求。

（1）用户跟踪调研。

（2）收集用户反馈的相关数据，从数据中寻找用户的核心需求。

（3）深度访谈样本用户。需要注意的是，访谈要控制在 60 分钟内。样本最好挑选那些典型的、重要的用户。

（4）现实场景还原测试。人没有无缘无故的行为，用户的某种操作行为背后必定有某种动机。还原用户的使用场景，可以帮助产品经理了解这种动机，进而获取用户的核心需求。

（5）场景假设。以数据为支撑，以经验为佐证，以丰富的知识和想象力为工具，对出现在这个场景的可能性进行全面分析，进而找到用户的核心需求。

Deeper Fishfinder 就是利用第五条找到了用户的核心需求。

对于钓鱼发烧友而言，什么是其核心需求？答案是钓到鱼。

有经验的钓友都知道，能否钓到鱼，不仅和自身的钓鱼技术有关，还与钓鱼的地点有关。

基于钓友们的核心需求，Deeper Fishfinder 横空出世（图 1-15）。

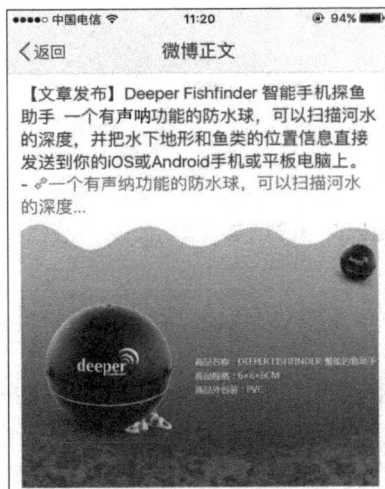

图 1-15　Deeper Fishfinder

作为声呐无线鱼情探测器，它能帮助钓友们轻松探测水温、水深、河床结构以及鱼群位置等，并把这些信息都显示在手机中。

不管手机安装的是什么系统，都和 Deeper Fishfinder "百搭"。而且它的操作堪称"傻瓜"，只要将 Deeper Fishfinder 绑在鱼线上抛出，然后连接手机，通过专用的 App，便可以对水中的情况一览无余。因为下水之后，它会发回高分辨率的声呐图，显示水中的各种鱼类，甚至能帮助你锁定特定的鱼类。

不仅如此，Deeper Fishfinder 还抓住钓友钓到鱼后想要"炫耀"的心理，紧密结合社交软件，让钓友可以轻易地在网络社区分享自己的收获。

另外，为了满足钓友们希望出行装备尽可能少的需求，Deeper Fishfinder 轻便小巧，不会占用多大的地方，非常方便外出携带。

这款产品通过抓住用户的核心需求，为自己赢得了生存和发展的空间。

1.5.3 合理分配资源

成功预测了行业发展趋势，并找到了用户的核心需求，接着就需要整合资源了。产品经理通过对物质资源、时间资源、人力资源的合理分配，能大大缩短产品面世的时间。在分配过程中，不仅要保证各个环节的协调统一，还要做到对重要环节的有力倾斜。在这一点上，扎克伯格的做法值得我们借鉴。

到目前为止，已经有 15 亿人使用过 Facebook 了，但是扎克伯格对这个数字并不满意，于是他设下了三个目标：第一，最大限度地发展人工智能，以了解使用 Facebook 的用户；第二，斥巨资收购 Oculus VR，打造虚拟现实；第三，加大推广力度，将目光对准 Facebook 还没有覆盖的 40 亿人（在扎克伯格眼中，他们都是用户，只是还没有使用 Facebook 而已）。

针对这三项发展目标，扎克伯格在投入物质资源和人力资源的时候非常大方。

扎克伯格分配资源的方式和很多产品经理分配资源的方式不同。大部分人的做法是"广撒网",因为不知道究竟哪一个环节最重要,所以在分配资源上为求"稳"而选择了平均主义。这种做法无可厚非,但过于中规中矩,极有可能让我们与最具潜力的环节擦肩而过。

而扎克伯格选择了聚焦某个特定的环节,专注于核心目标,挖掘更深层次的潜力。

正因为扎克伯格如此做,所以 Facebook 的用户越来越多,并且目前还在持续增加中。

第 2 章

开启产品经理生涯从管理团队开始

互联网时代不再是单打独斗的时代，任何人想要成功，都需要团队协作。产品经理要想开发出成功的产品，也需要一支产品团队。这个团队的基础成员有产品人员、设计人员、技术人员、运营人员；在这个基础上，有的产品团队还会配备市场调研人员、客服人员等。

要想让团队中的成员都发挥出自身的最大优势，达到 1+1>2 的效果，就要求产品经理具有良好的团队管理能力。

2.1 打造个人影响力

在决定领导力的诸多因素中，个人影响力是不可或缺的。

个人影响力往往代表了一种清晰的、强有力的正面形象。当团队成员一想到你，这种正面的印象就会出现在他们脑海中。你的决策令团队成员信服，你的号召能带动团队成员前进，这就是个人影响力。

产品经理要想打造个人影响力，应该从哪几个方面入手呢？

1. 具有良好的业务能力

只有业务能力突出，团队成员才会对你真心信服。能不能有效整合手中的资源，能不能协调团队成员，能不能非常精准地挖到用户的痛点，能不能顺利推动产品上线……这些都是业务能力的范畴。

2．具有独特的想法和见解

互联网时代的产品经理必须有独特的想法和见解。只会当老板的"应声虫"而不敢自己"发声"的产品经理，是没有个人影响力的。

3．勇于承担责任

产品经理要能够在危难之际（如产品出现问题时）挺身而出，这是打造个人影响力的重要时刻。勇于承担责任，向来是打造个人影响力的重要手段。

4．具有良好的沟通能力

产品经理应该能和团队成员进行有效的沟通，这是打造个人影响力的重要一环。通过良好的沟通，才能有效传达自己的想法。

2.1.1　工作第一，适当时候可"叫板"老板

一家企业打算推出一款产品，设计部分是外包出去的，等收到成品时才发现界面做得很丑，也很老套。产品经理认为这款产品不好，但是老板却认为不错。如果你是这位产品经理，你会选择图 2-1 中的哪种做法？

A. 认为老板是"门外汉"，完全无视他的意见；

B. 老板说什么就是什么，完全听取他的意见；

C. 有选择地听取老板的意见，并负责安抚团队成员。

选择 A，等于让自己以及自己的团队完全和老板对立起来，这对一个团队而言并不是什么好事。

选择 B，产品经理就完全丧失了存在的必要，成为老板的"应声虫"。

选择 C，才是比较明智的做法，既清晰地把握住了自己的角色定位，又让自己成为老板和团队成员之间沟通、协调的桥梁。

目录

	完全无视老板
	完全服从老板
	有选择地服从老板，并安抚团队成员

图 2-1　产品经理如何应对老板

对很多产品经理来说，最可怕的就是"老板说"。因为老板在公司拥有绝对的话语权，决定了是否开发产品、开发什么样的产品。他们经常有自己的思路，只是这些思路不一定正确。所以，经常能看到老板和产品经理争执的场面。如果争执频繁发生的话，整个产品团队的思想、热情、雄心等就会逐渐消磨殆尽。

在这种情况下，聪明的产品经理会这么做：老板的需求也是需求，甚至代表了很多用户的想法。因为老板的出发点和产品经理的出发点是不一样的，产品经理要学会过滤需求，试着用客观、平和的心态评估该需求，并将这种心态传递给团队的其他成员。当事实证明这种需求只是在浪费资源的时候，便可以拿数据做支撑，勇敢对老板说"NO"了。

说"NO"也需要技巧，不能带着优越感对他说"你的想法不现实"，而是要真诚地告诉他这样做有什么不好，换哪种做法会取得资源成本的最大利用和最小浪费。

2.1.2 面对失败，勇于承担责任

美国著名管理顾问史蒂文·布朗有一句话："管理者如果想发挥管理效能，必须勇于承担责任。"这句话对产品经理而言同样适用。

遗憾的是，并不是所有的产品经理都勇于承担责任。当自己负责的产品出现问题甚至失败的时候，很多产品经理选择以种种理由来推诿责任（图 2-2 ）。

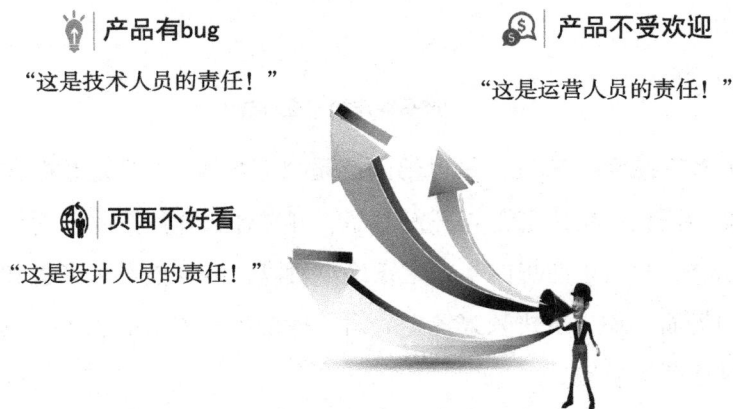

产品有bug

"这是技术人员的责任！"

产品不受欢迎

"这是运营人员的责任！"

页面不好看

"这是设计人员的责任！"

图 2-2 推诿责任的常见借口

页面不好看？这是设计的责任。

产品有 bug ？这是技术的责任。

产品不受欢迎？这是运营的责任。

一场战役的失败，普通士兵肯定有一定的责任，但总指挥应该负最大的责任。如果我们能在产品出现问题的时候挺身而出，那么我们的声望将会大大提高。

勇于承担责任，主要表现在以下四个方面。

第一，要带领团队成员完成产品的开发、运营，并达到预期的目标。

第二，要对产品的每一个环节把好关，并且对每一个环节负责。

第三，要修炼成"火眼金睛"，发现并解决产品可能出现的每一个问题。

第四，要敢于承担后果。产品经理的职责贯穿于产品的整个生命周期，不管产品出现什么后果，都需要产品经理来主动承担。

下面我们来看看"微信之父"张小龙是如何做的。

朋友圈曾经被"我和微信的 2015"刷屏，这个内容本来是微信官方为了微信年度大会"微信公开课 PRO 版"（图 2-3）开展的一次互动活动。

图 2-3　微信公开课

在"我和微信的 2015"中，用户可以晒出谁是自己微信上的第一个好友、自己用微信发了多少红包之类。但由于该功能还在内测阶段，加上访问量过大，所以出现了打开缓慢的情况。

于是，一则谣言横扫朋友圈："'微信公开课 PRO 版'是病毒，点击就会中毒，会被盗号，账号里的钱会被转出。"

一时间，许多不明真相的用户纷纷转发这个谣言，事件影响越来越大。

对此，微信官方第一时间辟谣。张小龙在"微信公开课"上用此事作为开场白，并将这件事称为"蝴蝶的翅膀"，只需轻轻一扇就会引发风暴。

张小龙还说，微信作为一个平台，在平台接口或系统方面会很严格，因为一点小小的疏漏都会在微信这个平台上被放大很多倍。

从张小龙的谈话中我们不难发现他对这件事的重视。同时，他还用这件事来提醒微信团队，希望以后尽可能杜绝此类事情再次发生。

但是，他没有将此事归结于团队成员的"不走心"，而是端正态度，要求大家以"事"为镜，这就是负责任的表现。

2.1.3 追求完美，打造极致产品

为什么几款相仿的产品，用户选择了某一款而不是其他竞品？区别就在于产品经理对产品的细节、技术、材质、工艺等这些影响用户体验的因素是否有极致追求。

想要打造极致产品，首先需要先了解用户感知的五个维度。

第一个维度是视觉。用户看到我们的产品的时候，是不是合"眼缘"。

第二个维度是触觉。用户使用我们的产品的时候，是不是流畅、易上手。

第三个维度是满意程度。我们的产品是不是为用户提供了优良的体验。

第四个维度是使用逻辑。我们的产品设计是不是符合用户日常的使用习惯。

第五个维度是黏度。用户使用了我们的产品之后会不会再次使用，并

为我们传播。

了解了用户感知的维度，我们就需要围绕这几点来开发产品。

首先，要保证我们产品整体的一致性。这里的一致性并不意味着统一颜色、外观、规格等，而是让这些外在因素与我们产品的内在特征相契合。

其次，要保证我们的产品的整洁性。产品要简洁而不简单，这样才有成为极致产品的可能。

再次，要保证我们的产品具有逻辑性。这里的逻辑性可能有些不好理解，我们以手机来举例：当我们使用手机的时候，不管是点击还是输入，或者滑动页面、指纹解锁……我们使用哪个动作，都知道这个动作对应什么功能，这就是产品的逻辑性。

图 2-4　SANC 推出的产品

最后，要保证我们的产品的功能满足用户的核心需求，能切实解决用户的某一项甚至某几项问题。

品牌 SANC 的产品经理就非常注重追求极致（见图 2-4）。

SANC 的口号是 "everything for colors"，他们也做到了这一点，在做产品的时候注重追求完美的色彩。

这种完美主义还体现在对产品的精益求精上。为了推出精品显示器，SANC 甚至可以做到不计成本。

另外，SANC 的用户回馈也不错，这是因为他们对待用户的态度也堪称完美，只要能让用户满意，他们从来不计较时间。

正是这种追求极致和完美的态度，让他们在液晶显示器的市场上占据了一席之地。

2.2 不懂授权，你会把自己累死

互联网时代，很多企业选择了去中心化的管理思维，将原来的"人海战术"变成小团队的"单兵作战"。这样做的好处就是提高了决策效率，能根据市场变化及时采取合理的应对手段。

但是去中心化需要两个前提，那就是优秀人才的聚集以及对团队的信任和授权。没有信任，会对团队成员的积极性造成巨大的打击（图 2-5）；不懂授权，不仅伤害了别人，同时也伤害了自己（图 2-6）。

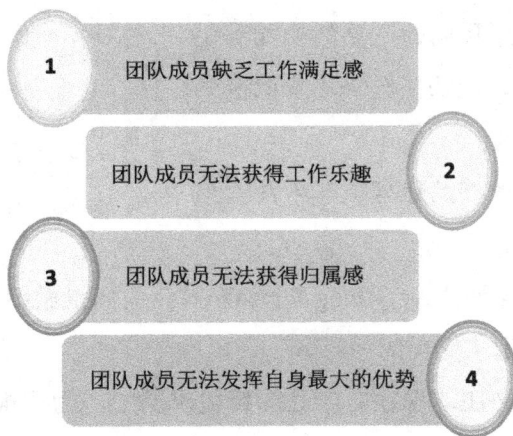

1 团队成员缺乏工作满足感

团队成员无法获得工作乐趣 2

3 团队成员无法获得归属感

团队成员无法发挥自身最大的优势 4

图 2-5 缺乏信任的弊端

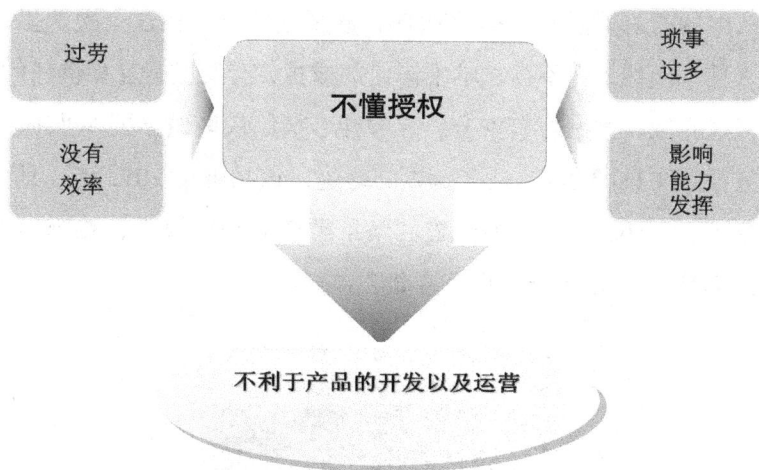

图 2-6　不懂授权的害处

我们看看 Google 在这方面是如何做的。

Google 允许工程师利用 20% 的工作时间做自己喜欢的项目或技术。很多拥有不错的点子却苦于没有时间去实现的工程师，就开始在这 20% 的时间里寻找创意，他们甚至组建了一个个志同道合的小团队，在几天内就能形成出色的产品创意。

这些在"不务正业"的时段里形成的创意，有很多甚至成为 Google 推出的"重量级"产品，如 Gmail 和 Gnews 等。

这就是授权的魔力。充分的授权激发了 Google 工程师的工作热情，也为他们的创意"落地"提供了时间和空间。

2.2.1　授权需要互信

很多产品经理存在这样的误解："授权就是分摊职责，然后由自己来协调一下。"事实并没有这么简单。

要想完成授权，前提是组建一个互相信任的团队。

团队内的所有成员都是合作伙伴，甚至是朋友。在这个团队里，不存在颐指气使的上级，也不存在唯唯诺诺的成员，有的只是互相信任的伙伴。

只有这样做，大家才有安全感，才能心情愉快地做出更多业绩。

三只松鼠（见图2-7）是电商界的奇迹，该品牌于2012年6月在天猫上线，仅仅用了65天就成为天猫的坚果类产品销售冠军，在当年的"双十一"更创造了日销售766万元的奇迹。

图 2-7　三只松鼠

三只松鼠之所以能创造这样的奇迹，就得益于他们优秀的团队精神。

"松鼠老爹"章燎原如此评价自己的团队：每个人拿出来都不起眼，但是当把所有的人组织起来，就是一支"召之即来，来之能战，战之能胜"的队伍。

而打造这支王牌队伍的秘诀就在于信任、简单、透明。信任，让整个团队的规则变得简单，气氛变得融洽。

2.2.2 授权需要情景管理

团队成员一般可分为以下四大类：

（1）有一定的能力，也有一定的责任感；

（2）有一定的能力，但缺乏必要的责任感；

（3）能力方面有欠缺，但是具有一定的责任感；

（4）能力方面有欠缺，也缺乏责任感。

针对这四类团队成员，产品经理该如何管理，或者说该如何授权？

对于有能力、有责任感的团队成员，产品经理可以放心大胆地授权，让"善任"和"能任"顺利对接。这个时候，产品经理只需关注其工作的进展情况，并协助其解决工作中的困难即可。

对于有能力但缺乏必要的责任感的团队成员，产品经理只能"半"授权——他可以去做，但是产品经理同样要参与其中，只不过角色变成了他的"同伴"，这样才能保证他在产品开发过程中不出纰漏。

对于无能力但责任感很强的人，产品经理要变身为"教练"，针对他的不足进行反复训练，直到达到要求为止。达到预期的要求后，便可以对其进行授权。

至于无能力也无责任感的人，对他授权是在冒险。如果有足够魄力的话，甚至可以把他踢出团队。如果不能，那么只能手把手地给他讲解工作并培养他的责任感了。

2.2.3 授权需要监督

没有建立监督机制的授权，会给产品经理带来很大的麻烦，因为团队成员有可能滥用他们被授予的权力。

授权并不意味着产品经理能当"甩手掌柜"，而是要建立相应的监督机制，监督团队成员的工作进程，只有这样才能发现产品在各个环节中出现的问题，确保产品早日上线并达到期望的目标。

理想的状况是，在最初开始授权的时候大家便就某些问题达成意见上的统一。当然，这种方法也存在一些不足。这些不足可以通过阶段性的检查来弥补，以确保团队成员没有滥用权力。

在这方面，华为就做得很好。

以前，华为一直走"中央集权"的路线，集中企业的优势资源，形成强大的火力去冲锋。但是，随着时代的变化、品牌的成熟、资金的充裕和用户的增多，华为开始从"中央集权"转变成"小单位作战"。

在充分授权的同时，华为也配备了监督机制。任正非说："我们既要及时放权，把指挥权交给一线，又要防止一线的人乱打仗，所以监控机制要跟上。"

华为的发展势头这么迅猛，与他们成熟的授权以及到位的监督有很大的关系。可以说，正是成熟的授权和监督机制提高了华为人的士气，促进了华为集团的飞速发展。

2.3 业务沟通好，产品上线早

有句俏皮话是这么说的：产品经理不是正在和人沟通，就是在前往和人沟通的路上。

产品经理的沟通频次为何这么高？

因为他的工作性质决定了他处于沟通枢纽的位置。一款产品，从策划到立项、开发、验证、发布的整个生命周期里，仅靠产品经理单兵作战肯定是不现实的，所以产品经理需要和各种人打交道：他要和设计师讨论设计方案，要和技术人员商量如何去除 bug，要向公司领导争取更多的资源倾斜，要和市场人员讨论如何做好运营，要和用户沟通并收集他们的反馈意见……

只有做到充分沟通，才能调动方方面面的积极性，让产品保质、保量按时完工上线。如何才能充分、有效地沟通，成了很多产品经理头疼的问题。

其实产品经理的沟通策略很简单，说得老套一点，无非是"到什么山头唱什么歌"。面对不同角色，产品经理需要采取不同的沟通策略。

向上沟通时，我们面对的是"看重利益"的老板、投资方等，我们只能以"前景"诱人，比如"这款产品目前处于风口，前景看好，竞争对手很少，我们的团队主攻于此……"通过宣传产品的价值来打动他们。

水平沟通时，我们面对的是"小伙伴"，不管是兄弟部门还是外部厂商，都无利不起早。我们只能以"利"诱人。毕竟合作的本质就是资源交换、实现共赢。

向下沟通时，面对的则是设计、运营、技术等人员，我们要以"目标"动人。这里的目标不仅仅是愿景，同时还包括对产品的具体要求。

沟通是否顺畅，直接决定了产品经理的工作顺利与否。

2.3.1　有效沟通的五个要素

"为什么你们的计划是这样的？这和领导的意思是完全相反的！"

"为什么产品的 bug 这么多？这会影响用户体验的，你们知道吗！"

"为什么这个阶段就不能修改？那么我们的核心需求该如何体现？"

"为什么你们的进度这么慢？会影响产品上线的！"

……

产品经理经常会遇到以上这些问题，而问题的症结就在于沟通不畅。

对于产品经理来说，不管是开发团队还是测试团队，对接的都是产品。你必须清晰明确地告诉对方自己的要求是什么，如果不能顺利传达自己的想法，那么最终出炉的产品和预想的往往南辕北辙。

有效沟通的注意事项主要有图 2-8 所示的几点。

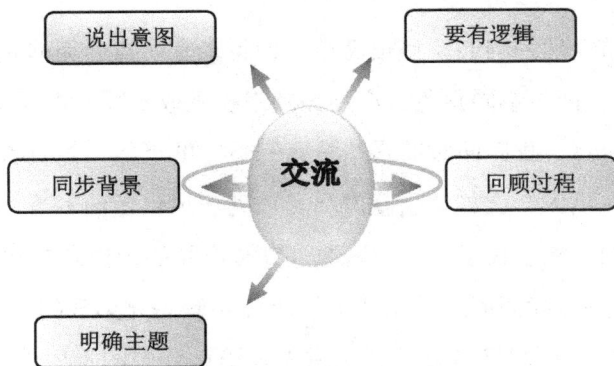

图 2-8　沟通时的注意事项

（1）面对团队成员，产品经理务必用清晰明确的语言说明自己的意图、需求、意见等。

（2）在谈话开始之前，产品经理需要与对方同步一下背景信息。

（3）交流的时候，要有一个主题，双方的谈话要围绕着这个主题展开。

（4）交流的过程中，我们的语言要具有一定的逻辑性。

（5）在交流的最后，一定要回想一下是否有遗漏的信息。

另外，产品经理平时要多和团队的成员进行沟通。沟通的时候要保持礼貌，多花点时间倾听，熟悉团队成员的沟通风格。这些都能帮助产品经理降低沟通成本。

2.3.2　面对不同成员，准备不同"语言"

公司拟推出一款 App，产品经理找来竞品让大家分析（图 2-9）。

技术人员先发言："这款 App 的要求太多，功能不合理。"

设计人员接着说："这款产品的界面太花哨，和用户的使用场景相冲突。"

运营人员最后发言："这款产品的用户反馈并不好。"

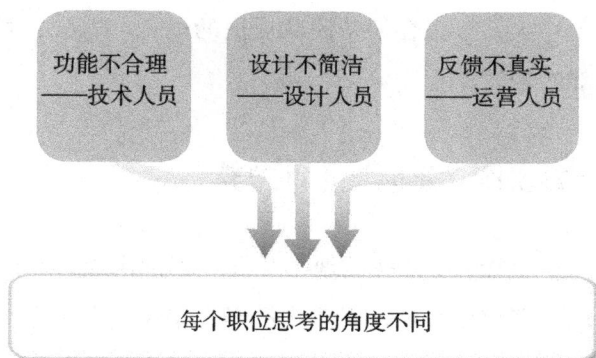

图 2-9　不同职位思考的角度不同

从这个场景我们可以发现，每个职位思考问题的角度都是不同的，所理解的范围也是不同的。这就要求产品经理需准备不同的"语言"，来应对不同的团队成员。

面对技术人员，最好的沟通方法是讲解逻辑和效益。如果产品经理不讲逻辑，信马由缰地讲述要求，很有可能造成技术方面的遗漏，不仅浪费了资源，同时还会影响技术人员的工作热情。

面对设计人员，最好的沟通方法是告诉他们具体的用户使用场景。你要牢记，你只是产品经理，而不是设计师。你只需告诉他应该达到什么样的效果，而不是告诉他该怎么做。

面对运营人员，最好的沟通方法是拿数据说话。运营人员是厮杀在第一线的战士，我们手中掌握的用户需求往往是一堆数据，而运营人员所接触到的才是鲜活的用户需求。

需要注意的是，我们沟通的时候最好以产品本身为探讨核心。同时，沟通过程中如果出现分歧，需要冷静下来，找到产生分歧的根源，而不是相互指责、埋怨。

还有一点很重要，那就是产品经理要尊重团队成员的专业和思想。如果产品经理夜郎自大，不仅会浪费团队成员的创意、思维、时间等，也容易激化团队内部的矛盾。

2.3.3　巧妙说服，不因拒绝而放弃

假设有这样一个场景：产品经理与开发工程师沟通，对方认为某个筛选功能是多余的，坚持要取消。对于产品经理来说这可不是个好消息，因为这项筛选功能是经过整个团队的沟通才确定下来的，如果取消将影响到整个产品的体验。这个时候，产品经理应该怎么做？

以理服人？但说服别人是一个漫长的过程，会消耗大量的时间和精力；还是声嘶力竭地辩论，努力用自己身为产品经理的“气势”去压制对方（图 2-10）？

其实沟通本身就是一个漫长的拉锯过程，每个人所处的位置不一样，想法也不一样，这是很自然的事情。也正因如此，团队成员之间产生碰撞在所难免。

面对这种情况，产品经理需要脸皮“厚”一点，胆子“大”一点，

心胸"宽"一点。除此之外，产品经理还要掌握一些说服人的技巧。

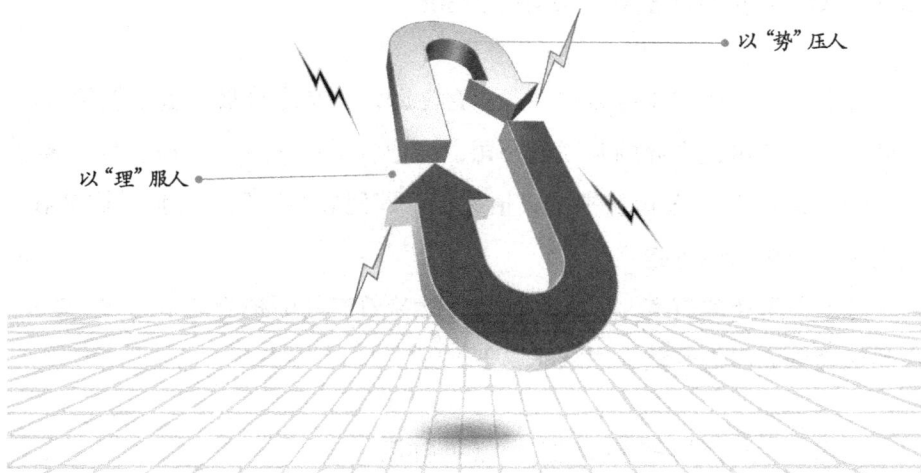

图 2-10　不同的"说服"方式

第一，在说服别人的时候尽量用术语。说术语，能让对方觉得你足够专业，让你的话语更有说服力。

第二，在说服别人的过程中，思维要周密，在开口之前要将所有可能发生的情况和解决方案想清楚，做到胸有成竹。

第三，在说服别人的过程中，让对方逐渐意识到自身的错误是最好不过了。人们都希望自己是正确的，如果我们上来就否定对方，容易引起对方的强烈反弹。

第四，在说服别人的过程中，要"看人下菜碟"。对待研发人员，要讲逻辑、讲数据;对待设计人员，要以情动人;对待老板，要学会给他讲"远景"……

2.4　提升团队竞争力的四步曲

每个产品经理都梦想拥有一支"召之即来，来之能战，战之能胜"的团队。有一家迅速崛起的互联网公司，当记者采访其成功的秘诀时，该公司的经理说："我们公司从来不惧怕失败，即便破产，只要我们的团队在，我们也会很快东山再起。"

对于产品经理而言，团队有竞争力意味着产品的核心竞争力强。那么产品经理该如何提升整个团队的竞争力呢？

2.4.1　人才选择要符合"三个标准"

亚马逊 CEO 贝索斯曾经说过："制定人才聘用的高标准，不管现在还是将来，都是公司成功的最关键要素。"

产品经理在组建团队时一定要慎重，所选择的人才最好符合如图 2-11 所示的标准。

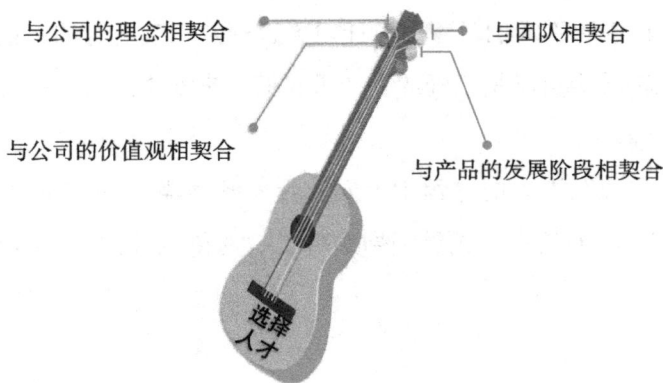

图 2-11　选拔人才的标准

第一，与团队的节奏相契合。比如，如果我们的团队发展节奏很快，就要求团队成员有一定的冲劲和韧性；如果我们的团队稳打稳扎，就要求团队成员个性稳重、思维缜密。

第二，与产品的发展阶段相契合。产品的发展阶段不相同，所需要的团队人员也不相同。比如在产品开发阶段，需要团队成员有足够的冲劲和热情，并要求他们不断地充实和学习，以跟上产品发展的脚步；而在产品成熟阶段，则需要稳重的团队成员来守护和扩大战果。

第三，与公司的价值观相契合。可以说，统一的价值观是建立团队的基础。如果一个人能力很强，但价值观与团队差距太大，那么团队对这样的人只能"忍痛割爱"。比如团队的价值观是精益求精、不计成本地做出优秀的产品，而选择的人才却对此不以为然，认为产品只要能用就可以，这怎么行？

第四，与公司的理念相契合。理念不一致，双方很容易在遇到分歧时分道扬镳。

当然，除了这些，能力也很重要。亚马逊就曾推出了"bar raiser"的人才选拔机制（图 2-12）。

这个"bar"可以理解为横梁，而"raiser"则是提高，直译过来就是"让横梁提高"。这里的横梁就是亚马逊的人才质量选拔标准。

这个标准是实实在在的数字。人才首先要满足岗位的需求，但是要高于员工基本素质 50%。比如团队中有 10 个人，那么这个人才的综合素质要高于其中 5 人。当然，如果能在团队中保持第一名的成绩，那就更好了。

凭借高标准的人才选拔机制，亚马逊的发展越来越好。

图 2-12　亚马逊微博上的招聘信息

2.4.2　留住人才要"走心"

精心培养的人才，还没有发挥其最大的效用，竟然就跳槽了！

前期一起努力、一起奋斗的伙伴，等产品上线时，他竟然辞职了！

只因沟通不顺吵了一架，竟然让一位出色的技术人员拂袖离去！

……

产品经理经常会面对这样的场面，以致很多人感慨：招来人才容易，留住人才太难。

造成这种局面的原因，除了薪酬待遇、企业文化、工作条件外，还有其他一些关键因素。人才，尤其是互联网时代的人才都需要展现自己能力的舞台。他们需要提升自我、展现自我、实现自我，如果产品经理无法提供给他们这样的空间，那么他们就会另谋出路。

想要留住人才，产品经理可以考虑图 2-13 所示的三种方法。

- 给予足够的成长空间
- 给予足够的重视
- 给予足够的发挥空间

图 2-13   产品经理留住人才的方法

第一种，充分授权。给人才以足够的发挥空间，用授权的方法激励人才、留住人才。

第二种，重点培养。对人才进行重点培养，用培训激励的方法激励人才、留住人才。

第三种，给予重视。让人才觉得自身得到了足够的重视，在产品开发过程中拥有一定的话语权。

在这一点上，腾讯向来先人一步。

腾讯互娱对游戏组织体系进行了调整，将原本的 8 个工作室重组为 20 个工作室。腾讯娱乐表示，会鼓励工作室之间展开良性竞争。通过重组，腾讯互娱有了更灵活的决策反应，能更快、更好地研发精品游戏。当然，这种给予团队更大授权的方法也激励了人才发挥，怎么看都是双赢的局面。

除了为人才提供发展空间外，腾讯在物质激励方面也非常大方。比如，员工去世，其家属可领 10 年半薪，仅这一项就让人感觉非常有人情味。

拥有如此"走心"的激励措施，难怪腾讯能打造一支支忠诚度高、富有竞争力的队伍了。

2.4.3　激励人才要双管齐下

为什么你的团队成员会离开？可能是以下几个原因，具体如图 2-14 所示。

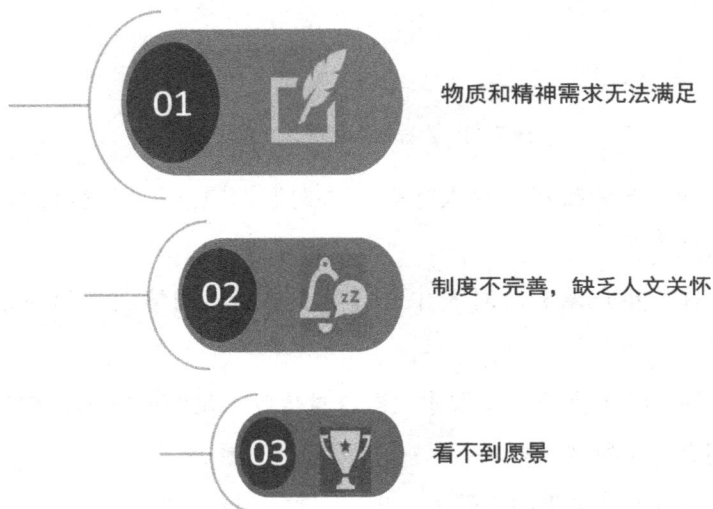

01　物质和精神需求无法满足

02　制度不完善，缺乏人文关怀

03　看不到愿景

图 2-14　团队成员离开的原因

第一，团队无法满足他们的需求。归根结底，人都有两大需求——物质需求和精神需求，如果这两种需求无法得到满足，团队成员便会离开。

第二，团队缺乏愿景。有句话叫"产品经理不造梦，产品转不动"，团队成员看不到产品发展的愿景，便会对团队丧失希望。

第三，团队缺乏完善的制度和人性化的关怀。在互联网时代，人们对于人性化管理和完善制度的追求达到了一个新的高度。如果团队给予不了这些，那么成员就会离开。

为了留住自己的团队成员，很多产品经理绞尽脑汁。但是他们似乎走进一个误区，认为只要物质激励足够丰富就能让人才死心塌地。无疑，物质激励是一种有效的激励手段，可是这种需求一旦被满足，便失去对人的刺激作用，他们会选择能满足自己另外一种高层次需求的地方。

针对这种情况，建议产品经理将物质激励和其他激励方式相结合。其中，培训是一种很好的方法。

我们看聚美优品的做法，它就是一个特别善于培训人才的企业（图 2-15）。

图 2-15　聚美优品微博招聘

聚美优品在人才培训方面有三个特点：坚持"一强带百弱"；人才储备不靠挖人墙脚；大胆起用年轻人。聚美优品的 CEO 陈欧认为，哪怕是大学生，只要在合理的体系里接受培训、承担该承担的职责，不超过半年，他就能展现出工作好多年的人才具有的水平。

为了达到这种效果，在聚美优品，团队成员都获得了自由成长的空间。事实证明，这种培训方法是切实有效的。

有些传统企业对团队新成员是不怎么"亲切"的，他们不敢让新成员负责比较有难度的工作，觉得他没有能力做好，这样做的结果就是错过了培养他的最佳时机。

2.4.4 激励人才，拒绝"大锅饭"

2014 年成功上市的猎豹，在举办 2015 年年会后又出了一次风头，被广大网友羡慕地称为"别人家的公司"，因为他们的年终奖实在让人"眼红"：十辆宝马，百万元现金大奖，12 个 5 万元旅游基金，以及猎豹空气净化器 100 台等（见图 2-16）。

图 2-16 猎豹公司年会

猎豹公司的年终奖不实行"一刀切"：对于促进上市的"肱股之臣"IPO 团队，给予 100 万现金的奖励；其他的优秀团队也有"重金奖励"，其中 6 支优秀团队获得了硅谷游的奖励；有 12 位优秀员工则获得了 5 万元的家庭旅游基金；除此之外，很多优秀员工和团队还获得了丰厚的年终奖和期权。

通过猎豹的案例，我们总结出一个好的激励机制应具有图 2-17 所示的几个特点。

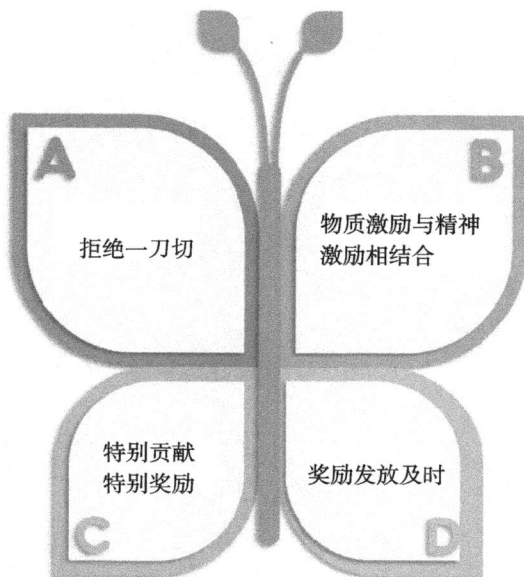

图 2-17　好的激励机制的特点

（1）它没有"一刀切"，并不是将所有激励进行平均分配，而是本着多劳多得的原则，针对不同团队成员的不同情况，实行相应的激励方法。

（2）它采用的是物质激励（现金、期权等）为主，其他激励方式（硅谷游等）为辅的方式，并利用年会这个平台，将团队成员的情绪调动到最高点，达到更好的激励效果。

（3）对有特别贡献的团队成员，采取了特别的激励。这种激励方法不仅不会让团队成员之间陷入互相攀比、攻击的内耗中，反而带动了团队之间成员的良性竞争。

（4）所有奖励都是当场兑现，而不是开张"空头支票"。

第 3 章

入门第一步，学会分辨"陷阱"

产品经理是一个很特殊的岗位，几乎每个人都能提出自己的意见、设想、设计乃至运营方案等。但大多数人都成不了合格的产品经理。尤其是在互联网时代，各种产品出不穷，但是大部分都被迅速淘汰了，甚至没有在用户心中留下任何痕迹。

之所以会出现这样的情况，就在于很多产品经理陷入了思维陷阱中。

3.1　忽视真正的用户需求

很多产品经理言必称"用户需求""用户体验"。但在这些产品经理中，有很多人是不懂真正的用户需求的，即使他们经常把这四个字挂在嘴边。

用户也不会因为你的产品贴上各种标签就会使用它，用户使用的是能满足他们真正需求的产品。

有些产品经理往往将这几个概念混淆：他们将倾听用户等同于听从用户，将用户想要什么等同于用户的真实需求，或者将解决方案等同于用户的真实需求，甚至将可以怎么做直接等同于应该怎么做。

这样做的后果往往令人啼笑皆非。比如用户反映："我们想要有 10 米长听筒线的电话机。"很多产品经理听到这儿就马上着手生产了，有些产品经理却继续询问用户："为什么想要那么长的听筒线呢，既不方便也不美观。"用户回答："因为这样我们就可以在房间的任何地方打电话了。"产品经理恍然大悟，原来用户的真正需求是无绳电话。

真正的用户需求和产品经理所理解的用户需求往往不是一回事。两者之间存在极大的差距，可是有些产品经理还在做着扩大差距的事情。

3.1.1　产品门槛低，用户才喜欢

亚马逊曾经推出过一款智能手机——Fire Phone，号称让用户体验无需用手指触控的 3D 世界（图 3-1）。

图 3-1　亚马逊推出 Fire Phone

但是用户并不买账。不仅是因为它耗电太快、App 下载有缺陷，还因为它的操作界面太过烦琐。

Fire Phone 没能大火，与它设置了"高门槛"是有关系的。

好的产品应该是易于操作的。大部分用户不愿意花费大量的时间、精力来分析手里的产品。可能产品经理认为很酷炫的东西，用户会直接把它丢弃，因为这个东西对于用户来说太难了。

越简单的东西越受主流用户的欢迎，很多经典产品都追求简单、易操作。就拿 iPhone 来说，它有一个简单的小功能，利用指纹取代 Apple ID 的密码（图 3-2）。也就是说，当我们不想用输入密码的方式解锁时，把我们录入指纹的手指按在手机上一样可以轻易解锁。

图 3-2　iPhone 的指纹锁

这个设置操作简单、使用方便，因此受到用户的欢迎。事实上，不管是界面还是操作系统，简洁、简易都是 iPhone 手机最基本的特点。消除多余的元素，不仅能让产品的核心功能凸显出来，还能让用户获得更棒的体验。这也是苹果产品热销的一大原因所在。

优秀的产品经理都深谙此道，他们把简单、易操作当成检验产品的一个标准。周鸿祎、张小龙都强调过，当开发一款产品时，要立刻启动"白痴状态""傻瓜模式"，要"像白痴一样思考，像专家一样行动"。

降低产品的使用门槛，用户才会喜欢。那么该如何降低产品的使用门槛？

第一，操作简单。用户都不是专家，他很有可能对我们的产品一无所知。用户需要不假思索便可以使用的产品，所以，操作简单是降低产品使用门槛的重要手段。

第二，功能简洁。用户使用产品，只是为了解决某个或某些具体的问题。如果我们提供的产品能解决用户的所有问题，其代价就是产品臃肿不堪、毫无竞争力。这时，过多的产品功能对用户来说不是利益，而是一种负担和累赘。

就拿电视遥控器来说，对很多用户来说，只要有开关机键、调节音量键、选台键便足够了。过多的按钮只会让用户眼花缭乱，影响用户的使用体验。

3.1.2　用户陈述很重要，但这并不等同于用户需求

我们需要倾听用户的声音，这是获取用户需求的重要途径。但是，千万别粗暴地在用户陈述和用户需求之间画等号。

让我们通过一个例子来看看用户陈述和用户需求之间的差距。

当用户陈述"有时灰尘会进入系统，给我带来麻烦"时，表面上看用户需要的是利用系统防护网来进行灰尘防护，实际上用户的真正需求是系统自身提供灰尘防护能力。

当用户陈述"在实际工作中，我总是一不小心就把螺丝刀掉到地上"时，表面上看用户是在说螺丝刀很不好，经常掉在地上，实际上用户的真正需求是螺丝刀在被摔后依然能正常工作（表3-1）。

表 3-1　用户陈述和用户需求之间的区别

用户陈述	需求描述（正确）	需求描述（错误）
"有时灰尘会进入系统，给我带来麻烦"	系统提供灰尘防护能力	系统通过防护网提供相应的灰尘防护功能
"工作中，我总是一不小心就把螺丝刀掉到地上了"	在被摔过几次后螺丝刀仍然能正常工作	螺丝刀很不好，经常被掉在地上
"根据公司规定，无论刮风下雨，我都需要坚持在户外工作"	螺丝刀在雨中仍能正常工作	螺丝刀在雨中不会不能使用
"我希望能用我的打火机给电池充电"	可以用自动打火机给螺丝刀的电池充电	自动打火机的使用者可以给螺丝刀的电池充电
"当我不知道螺丝刀的电池还有多少电量时，我会很烦"	螺丝刀提供电池能量多少的显示	螺丝刀应该提供电池能量多少的显示

　　我们可以用"抽象之梯"法来深入探索、了解、洞察用户需求。什么是"抽象之梯"法？简单来说，"抽象之梯"是一种不让用户直接讨论问题本身，而是讨论产品的某一功能或者某一问题，将问题抽象化向用户提出，并加以分析，最后得到真正答案的方法。

　　利用"抽象之梯"法，我们可以根据用户的陈述，从具体需求延伸到解决方法；以用户陈述作为证据，对产品进行评判；通过用户的某一次行为，推断出用户的惯性行为；从用户的个人经历，推导出用户的群体行为……

　　例如，用户这样陈述："我的电脑包经常在各种恶劣的气候环境中使用；在行李托运时，电脑包也经常被挤压、磨损、划伤；到了工作现场，

电脑包甚至会被放在湿乎乎的地面上。"（图3-3）

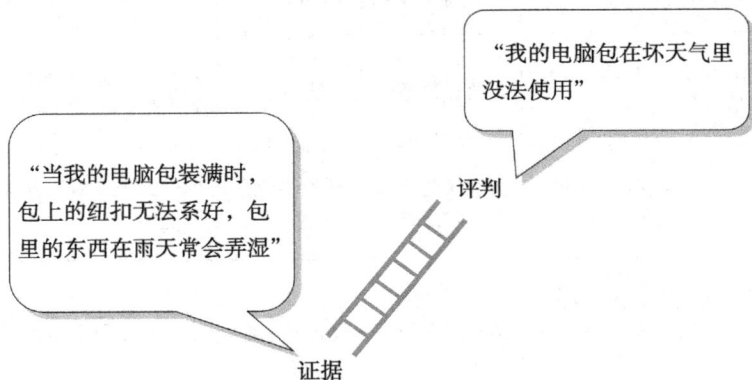

"我的电脑包在坏天气里没法使用"

"当我的电脑包装满时，包上的纽扣无法系好，包里的东西在雨天常会弄湿"

评判

证据

图 3-3 用"抽象之梯"法思考问题

我们从用户陈述中看到了用户的需求，那么我们的解决方法就是满足用户需求——设计一款防水、防潮、防挤压的电脑包。

这就是通过倾听用户想法找到用户真正需求的过程。

3.2 根据个人意愿做产品

有些产品经理在做产品的时候，会把自己的意愿加入其中，并认为自己的意愿就代表大多数人的意愿。所以，我们经常看到产品中存在一些莫名其妙的功能，这些功能要么是鸡肋，要么太过专业，要么操作烦琐……

即使用户提出质疑，这些产品经理为了捍卫自己的意愿，也会本能地进行反抗。他们会以自己的意愿为前提，收集各种数据来证明自己是对的。

最后的结局，就是这款产品彻底被用户抛弃。

要知道，产品必须为用户服务，如果不能被用户认可，那么它就不是一款好产品。但是现在有很多"任性"的产品经理，他们用个人意愿、领导意见、同行建议等代替了真正的用户需求。

3.2.1　闭门造车只能造出残次品

有家互联网企业历时一年半，耗费大量人力、物力，推出了一款业务控制系统。用户体验了一下，留下了"还可以，但不会购买"的评价，因为这套系统完全是"鸡肋"，不能解决用户面临的关键问题。

原来，这款产品的开发过程属于典型的"闭门造车"，完全忽视了用户的真正需求。其实，产品经理早在产品开发初期就意识到了这个问题，但又觉得已经投入了大量成本，骑虎难下，便咬牙坚持做了下来。

这种情况非常多，产品经理一拍脑袋就决定开发某款产品，既没有对市场进行深入调查，也缺乏对有效用户的分析，更不用提分析竞品了，结果最后设计出的产品成了无人问津的"垃圾"。

如果想避免出现这种情况，可以尝试以下两种方法。

1. 直接法

直接从咨询团队、公司决策中心、简报等渠道获取关键信息，以此来指导产品的设计方向。

2. 间接法

（1）和开发相关。我们可以从高层之间的交流、团队给出的解决方案、标杆管理以及产品试用中找到信息，对我们的产品进行优化。

（2）和运营相关。我们可以和运营人员进行交流，可以和用户或者潜在用户进行现场互动，也可以将服务热线等有效利用起来，听到用户真正的声音，进而为我们的产品优化找到方向。

（3）其他方法。包括组织各种用户交流活动、用户满意度调查等。

小米进军智能电视领域之前曾做过一系列的调查，调查内容包括大家对小米做电视的看法、将来小米电视的定价、小米电视应该用什么屏幕等（图3-4）。

图3-4　小米电视

经过调查，小米明确了自身的定位：要做一台年轻人买得起的电视，价格要比同配置的电视低一半左右。

同时，针对年轻人追求时尚的要求，小米电视有针对性地采用了多彩面板，并且在工艺上做到"尽善尽美"。就拿小米电视的导光板来说，它不是印刷上去的，而是一个点一个点激光刻出来的，这样可以比同类产品薄一些，平整度也更高。

针对饱受用户诟病的售后问题，小米不仅提供了"售后维修"，还提供了"产品体验""新品推荐""使用教育"等服务。

看得出来，从计划进军智能电视市场，到推出小米电视，再到收集用户反馈，小米在每一个环节都积极跟进用户需求。拥有这种心态，才能做出精品。

3.2.2 拒绝粗制滥造的半成品

进入互联网时代后，市场瞬息万变，各行业飞速发展。为了跟上这种速度，粗制滥造成为一些企业的通病（图 3-5）。

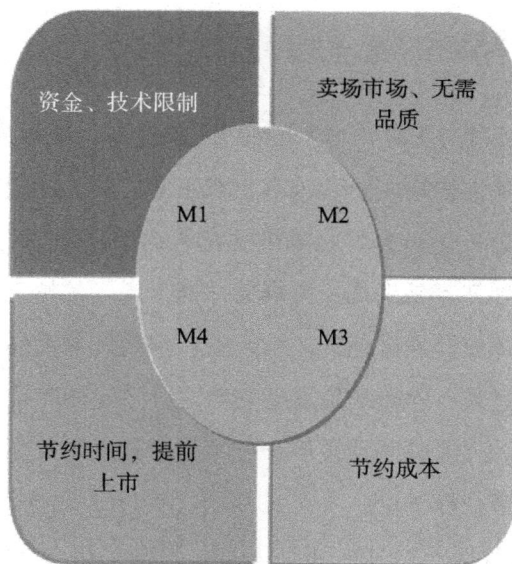

图 3-5 产品粗制滥造的原因

即使产品经理有 100 个借口，用户也不会为你的粗制滥造买单。粗制滥造的产品就算能哄得了用户一时，也很快会被真正物美价廉的产品取代。猎豹空气净化器的产品经理深谙此道，在产品开发过程中非常注重精雕细琢。

雾霾天的出现让空气净化器越来越受欢迎，尽管价格不菲，但用户为了健康只能咬牙购买。空气净化器市场的巨大利润空间，让众多企业闻风而动，其中就包括猎豹。

为了真正做一款好的净化器产品，猎豹专门请了德国西门子设计团队帮忙设计外观，选择了美国的 3M 滤网，以及日本高效静音电机和德国工业级激光探头。

因为噪音低、效果好、外形时尚，而且价格比较便宜，猎豹空气净化器一上市就成为热销产品。

3.2.3　不了解市场盲目做产品

大家可能都听过"王戎识李"的故事：路旁有一棵硕果累累的李子树，小朋友们一窝蜂地上树摘李子，唯有王戎不动。路人问起缘故，王戎回答说："李子肯定不好吃，若是好吃早被吃光了。"结果，李子果真又苦又涩。现在很多产品经理就容易出现一窝蜂去"摘李子"的情况。比如看到某款 App 火了，大家都去开发类似的。结果呢？预期的盆满钵盈没有看见，反而导致行业虚假繁荣，同类产品过度竞争，最终导致产品失败。

这种现象背后的深层原因在于，产品经理缺乏对市场的深刻认知，有时会被惯性思维牵着鼻子走。

为数不少的产品经理习惯于定向思维，沿着多数人思考的方向去思考，推导出来的结果自然也和多数人相仿。要知道，所有人都看好的市场已经不是好市场了。

针对这种情况，产品经理只能出其不意，跳出定向思维的陷阱，来个反其道而行之，就像索尼的慢充手机一样（图 3-6）。

图 3-6　索尼 Xperia 手机

"充电五分钟，通话两小时"的 OPPO 手机火了，于是很多新上市的手机都配置了快充功能。但是索尼却别出心裁，推出了"慢充"手机。

在索尼的产品经理们看来，快充的优势和弊端一样明显。他们认为，快充的时候，手机温度过热，会影响手机电池的寿命，这是不能忽视的。另外，除了少数极端情况，在大多数时间用户其实并不需要快充功能。所以，他们在棉花糖测试计划中为 Xperia Z2 和 Z3 加入了一项功能，那就是在充电过程中通过降低充电速度来延长手机电池的使用寿命。

慢充比快充好吗？也未必。但是当为数众多的手机强调快充时，推出慢充功能的索尼就格外引人注目了。

3.3 过于追求"高大全"

一家互联网企业想要推出一款面向司机的 App。为了吸引用户，他们打算给这款 App 设计以下功能。

具有导航功能；

能够分析行车记录；

帮助司机找到停车位、加油站以及附近的美食、特色风光；

帮助司机分析路况；

协助司机进行违章查询；

针对司机月供、养车支出进行理财分析；

提供代驾服务；

提供社交功能；

能充当行车记录仪；

……

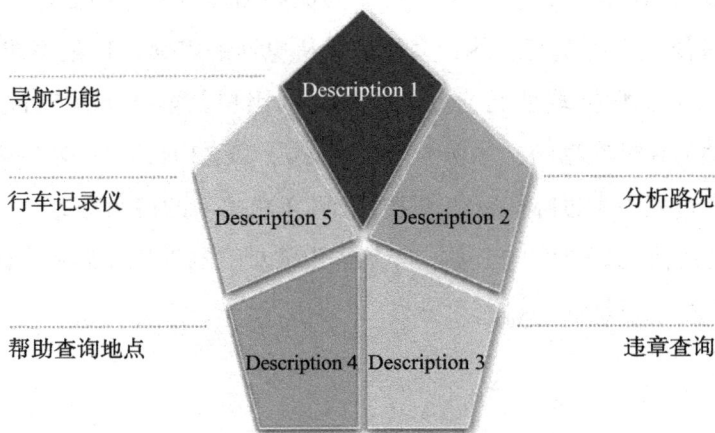

图 3-7 "巨无霸" App

如果这款 App 将上述元素囊括其中，那堪称"高大全"（图3-7）。但是这种"高大全"的产品并没有太突出的特色，反而会过分臃肿，影响用户体验。

所以，做产品的时候，"高大全"不见得是好事。

我们经常使用的那些产品，大都是将一个点发挥到极致，而不是囊括所有点。比如同样是社交软件，脉脉（图3-8）主要走经营人脉的路线，无秘走的是匿名社交的路子，钉钉则倾向于办公使用，YY主要是游戏社交。

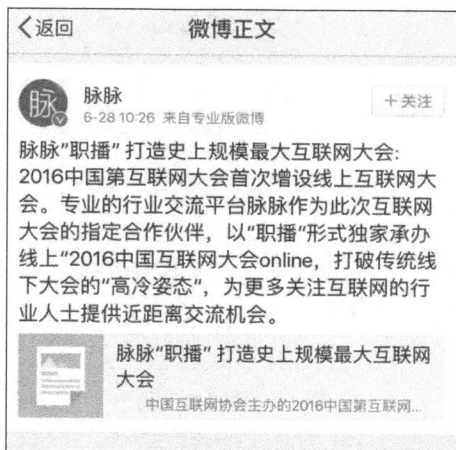

图 3-8　脉脉微博

到目前为止，没有一款社交软件是把上述软件的"特色"都包含其中的。或者说，曾经有企业这么尝试过，只不过都以失败告终了。

一个产品上市，一定有某些功能受欢迎，也一定有某些功能是不受欢迎的。面对这些失败的功能，产品经理该怎么办？视而不见还是勇于砍掉它？

如果对失败的功能视而不见，那么你的产品将会越做越大，变成一个用户厌恶的"巨无霸"；如果将失败的、有所欠缺的功能砍掉，相当于把枯掉的枝丫砍掉，就能为健康的枝丫提供更多的营养。

对于影响用户体验的产品，马云的态度向来是明确的——砍掉它。

天猫宝是由天猫和支付宝（图3-9）共同推出的增值服务，它和余额宝是嫡亲兄弟，都是天弘增利宝货币市场基金。

图3-9　支付宝页面

用户将钱转入天猫宝中，就能享受收益了。天猫宝的收益甚至比余额宝还要多，不仅有货币收益，还包括天猫额外赠送的1%年化收益。

正因如此，阿里的产品经理们认为这款产品不管是功能还是定位都影响了支付宝，所以计划砍掉天猫宝。此外，慢慢付、快捷分期、快捷保镖、天猫分期等功能也先后因类似问题而被砍掉。

而砍掉这些功能的目的，就是为了让支付宝的用户体验更加简洁、流畅，减少产品功能纷繁复杂对用户造成的困扰。

3.3.1 砍功能，有标准

如果产品中某项功能符合下面几条标准，应该大胆地将其砍掉，具体如图 3-10 所示。

图 3-10　产品不合格的功能

（1）功能"遇冷"，使用频率下降；

（2）用户正面反馈少；

（3）用户不愿意为这个功能"付费"；

（4）该功能分散了核心功能；

（5）存在大量针对该功能的竞品。

微信可以说"老少咸宜"，是一个用户量巨大的社交平台。目前，该产品已经是负重前行了，如果再多一些功能，就容易给这个平台带来不良影响。所以，他们在追求完善的同时也在不断做"减法"。

比如，微信在更新版本中就砍掉了消息界面下拉拍摄视频的入口，原因是用户体验不好——下拉拍摄并不是拍摄突发事件的好方法；同时，过于强化拍摄功能就会弱化社交功能。

3.3.2 砍功能，有区分

这里所说的区分，是指区分用户。作为产品经理，你必须明白哪些用户是"不离不弃"的"忠实粉丝"，哪些用户是"三心二意"的"临时粉丝"。

很多产品经理都有这样的经验：某款产品推出，很多用户都会来尝鲜。但是经过一段时间的沉淀，有部分用户离开，去尝试别的产品；有的用户则留下，继续使用这款产品。

我们可以将后者称为"真实用户"，而我们的产品主要满足的就是这些用户的需求。如果我们产品的某些功能只取悦了"临时用户"，而影响了"真实用户"的体验，这样的功能是需要砍掉或者改善的。

当然，"临时用户"也有可能转变为"真实用户"。如果"临时用户"对某项功能有好感，可以在不影响"真实用户"体验的前提下，尽量满足"临时用户"。

钉钉的改变，便最大程度地满足了其"真实用户"的需求（图 3-11）。

图 3-11　钉钉主界面

如果你只是想用钉钉来实现微信那样的社交功能，那么对不起，你还是去下载微信吧。因为在钉钉的对话框内，自定义表情、小视频、红包等功能都被砍掉了。最重要的一点是，钉钉的朋友圈入口也关闭了。

当然，有砍掉的功能，就有新增加的功能。

如果钉钉的用户每天都需要打电话联系业务，那么他有福了，因为钉钉每月会赠给用户 1000 分钟的免费通话时长。而且钉钉用户可以用它来处理各种办公事务，包括考勤、请假、报销，甚至发送回执消息等。

为什么钉钉变了？

因为钉钉必须满足它的"真实用户"。

3.3.3　砍功能，有说法

即便是再鸡肋的功能，也会有一些用户喜欢。

不由分说地砍掉某功能，肯定会导致部分用户不满。面对这样的情况，你必须给出个"说法"。

所谓的"说法"，可以是一条微博、一条短信、一则公告，只要做到有效传达就可以了。下面，让我们看一下中国移动通信集团北京有限公司发布的短信转飞信业务下线的报告。

尊敬的客户：

您好！

由于业务调整，短信转飞信业务将于 2016 年 6 月 30 日下线，届时终止提供服务。自 2016 年 7 月起，不再收取月功能费。

短信转飞信可将客户手机接收到的短信转发到飞信 PC 客户端上，同时原短信正常发送到客户手机上。使用此业务的客户可以方便地使用飞信

PC 客户端在线接收、回复他人发来的短信。本业务与飞信无关，飞信的原有功能和服务均不受影响。

由此给您带来的不便请谅解。感谢您的理解与支持！

特此公告。

中国移动通信集团北京有限公司

2016 年 5 月 16 日

这则公告里面包含了三个关键点：

第一个关键点，告诉用户这个功能的具体功效；

第二个关键点，告诉用户为什么要关闭这个功能（业务调整）；

第三个关键点，清晰地给出了解决方案。

我们在发表声明时，最好也包含这几点。另外，还有几点需要我们考虑。

（1）时间问题。根据产品功能的影响力，给用户一定的缓冲时间。比如，中国移动通信集团北京有限公司给了用户差不多一个月的缓冲时间。

（2）最好给用户找条"退路"，为该功能所提供的服务找到对接产品。MSN 在国内曾经盛行一时，拥有为数不少的用户。即便后来逐渐成为"过去式"，仍然有不少用户坚守。面对这样的情况，当 MSN 彻底退出中国市场的时候，它便建议用户可以去使用保留了用户数据的 Skype。

（3）真诚道歉。一旦我们关闭某项功能，势必会对一些用户造成影响。这时候，一句真诚的道歉，可以减少用户的些许不满。

第 4 章

找到用户痛点，刚需、高频是关键

痛点的本质是用户的刚性需求、高频需求，尤其是没有被满足的刚性需求、高频需求。产品经理在做产品的时候，必须要考虑到这个问题。因为能否满足用户的刚性需求、高频需求，决定了一款产品是否拥有长久的生命力。

4.1　挖掘用户痛点

为什么有的产品一面市便备受追捧，甚至人人都会自发地帮助宣传，而有些产品具备看似很"完美"的功能，却乏人问津？究其本质，在于产品是否解决了用户的痛点。

"痛点"对产品经理来说是一个高频词汇。几乎每个产品经理在开发一款产品之前都要被询问："目标用户的痛点是什么？"可尽管如此，依然有为数不少的产品经理对痛点缺乏重视。

简单来说，痛点是目标用户的刚性需求，是不得不解决的需求。如果我们的产品只满足了目标用户的弹性需求，也许能让他们暂时停下来，却不能让他们长久留下来。

接下来，我们重点介绍有效挖掘用户痛点的几种方法。

4.1.1　用户角色模型

一家网络公司想要推出一款 App，将年轻人"一网打尽"，于是他们罗列出了目标用户的需求（图 4-1）。

第一种是追逐时尚的年轻人，所以这款 App 要酷炫、前卫，满足年轻人的时尚需求。

第二种是爱好文艺的年轻人，所以这款 App 要包含阅读、旅游、电影等内容。

第三种是喜欢动漫的年轻人，所以这款 App 要包含动漫以及相关周边产品等内容。

还有第四种、第五种……

不同青年	特点	满足特征
时尚青年	追逐时尚	加入酷炫、时尚元素
文艺青年	追逐品位	加入电影、旅游、健身等元素
动漫青年	追逐动漫产品	加入动漫相关周边

图 4-1　不同用户的需求

如果我们将所有年轻人的需求都集中在一款 App 上，这样的 App 不仅不能满足目标用户的痛点，甚至会成为一款"四不像"。事实上，如果一款产品（不管是互联网产品还是传统产品）适合每一个人，那么这样的产品要么毫无特色，要么简陋粗糙。

正确的做法是：重新整合用户，最好是提前构建目标用户角色模型。

用户角色模型并不是真实的人。尽管它是虚构出来的，但是它具备某类用户的共有特征。通过构建用户角色模型，我们可以完成对某类用户行为、观点的分析，进而推断出他们的具体痛点。

让我们来看一下小米游戏中心是如何构建用户模型的。

在《小米游戏生态圈 2014 年度报告》中，小米游戏中心发布了小米的用户模型。报告显示，小米游戏中心的玩家主要集中在经济比较发达的地区，最集中的地区为广东，其次是浙江、北京；小米游戏中心的玩家以男性为主，男女玩家比例为 7∶3；同时，小米游戏中心的玩家以 24 ~ 34 岁的年轻人为主。

也就是说，小米游戏中心的主要用户为年龄在 24 ~ 34 岁的青年男性，他们身处经济比较发达的地区，具有一定的购买能力。

通过用户角色模型的建立，小米游戏中心在接下来的游戏开发、运营、营销等方面会更有针对性。

4.1.2　纵向寻找痛点

在互联网时代，过度的传播和同质化严重的产品都要求产品经理找到用户的"痛点"。可是有些产品经理因为陷入固有思维的陷阱中，无法参透产品的迷局，经常做出错误的判断，导致"痛点"变成了"盲点"，最后的结果便是遭遇"堵点"。

想要突破这种困局，我们可以试着纵向寻找痛点。也就是说，在产品发展的过程中，明确影响某一个环节的全部因素，然后明确究竟哪个因素阻碍了用户，并针对这一点来挖掘用户的痛点。

比如，在过去的路由器市场，大部分产品经理都把焦点放在"信号"上。正因如此，他们的开发重点便集中在加大路由器的发射功率以及推出中继器上。

这时，小米却重新思考这个问题：阻碍用户使用的最大因素是什么？

小米随即发现，为数不少的用户使用小米路由器作为中继，并不是解决信号的覆盖问题，而是利用它让楼上楼下共享网络，进而分摊网费。

可是当时市场上的大部分中继器都是"强电设计"，必须借助排插才能灵活移动。小米敏感地意识到，"方便移动"就是用户的痛点。于是，不带强电且低功率的小米 Wi-Fi 放大器横空出世（图 4-2）。

图 4-2　小米 Wi-Fi 放大器的宣传页面

另外，传统的路由器在使用时往往需要进行烦琐而复杂的网络设置，很多用户会对着说明书一筹莫展，小米立即认识到，"易用性"是用户的另一痛点。

于是，小米 Wi-Fi 放大器采取了最简单的配置方式——把 USB 插到路由器上就可以自动完成配置（图 4-3）。

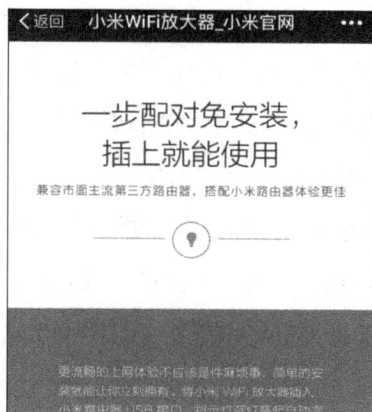

图 4-3　小米 Wi-Fi 放大器简单易用

4.1.3　横向寻找痛点

一家汽车企业想要推出一款新型汽车，他们该如何寻找用户的痛点呢？他们把用户使用产品的过程分为四个环节：购买、使用、修理、转售（图 4-4）。

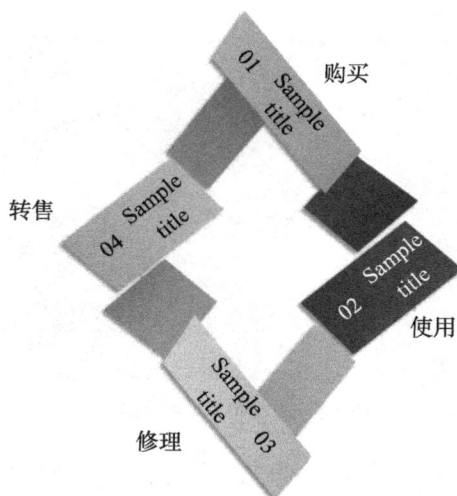

图 4-4　用户使用产品的四个环节

　　经过分析发现，大多数竞争对手都聚焦在使用环节，并致力于推出空间大、性能好的汽车。但是，对于转售环节他们就不太在意。

　　面对这样的情况，这家汽车公司决定推出一款可以"保值"的新型汽车，确保用户在转售时不会遭受过多经济损失。

　　这家汽车企业寻找痛点的过程，就是横向寻找痛点的过程。

　　一般来说，产品从被用户使用到被用户"抛弃"，会固定分为几个阶段。如果我们的竞争对手都在关注 A 阶段，我们可以试着去 B 阶段看看能否找到用户的痛点。

　　"大姨吗"为何可以从众多同类 App 中脱颖而出？就是因为它横向找到了用户的痛点。市场上单纯记录经期和数据分析的 App 不在少数，但是"大姨吗"的产品经理敏锐地意识到，女性关注自身的经期并进行数据分析只是一个"表象"，更深层次的原因是对自身健康的关注。

　　基于此，"大姨吗"社区为女性提供谈论私密话题的平台，让女性"有口难言"时，依托"大姨吗"几千万用户找到一个相对靠谱的答案（图 4-5）。

图 4-5　"大姨吗"主界面

　　正是因为"大姨吗"横向找到了用户的痛点，所以它赋予自己一个新的定位——为女性的私密问题提供解决方案的 App。

这种定位给"大姨吗"增加了竞争力，帮助它可以更好地吸引用户、留住用户。

4.1.4　用户的抱怨

哪里有抱怨，哪里就有机遇。这里所说的抱怨就是痛点。资深的产品经理都爱倾听用户的抱怨，因为这些用户为他们提供了很多建设性意见。为什么会这样？原因有图 4-6 所示的几点。

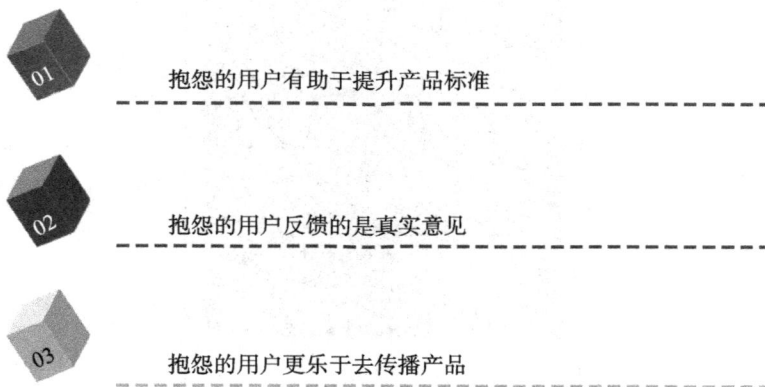

01　抱怨的用户有助于提升产品标准

02　抱怨的用户反馈的是真实意见

03　抱怨的用户更乐于去传播产品

图 4-6　通过抱怨找痛点

（1）用户之所以会抱怨，说明他们比较挑剔，对品质有一定的要求。如果我们的产品连挑剔的人都能满足，那么肯定会满足普通用户的需求。

（2）同时，只有挑剔的、爱抱怨的用户才会直言不讳地说出我们产品的缺陷，他们比普通用户更爱"发声"。

（3）挑剔的用户在自己的抱怨被妥善解决后，会乐于去分享、扩散自身的经历，无形之中帮助我们进行了产品宣传。

有很多"爆款"都是针对用户抱怨产生的。比如 OPPO 推出的手机 OPPO R9，号称"充电 5 分钟，通话 2 小时"（图 4-7）。

原来，一直有用户抱怨智能机耗电快、充电慢，这让很多"机不离手"的用户感觉到非常不便。

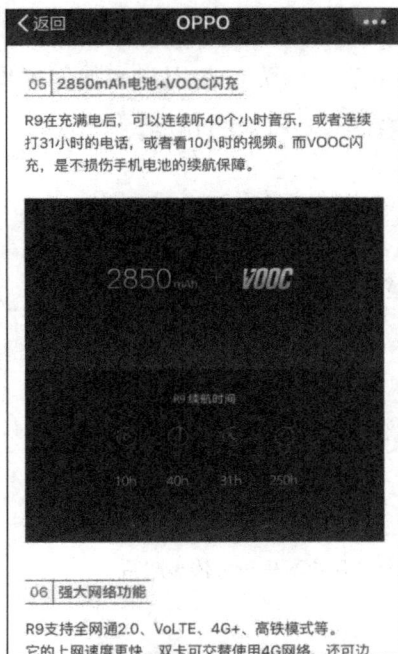

图 4-7　闪充功能成为 OPPO 手机卖点

OPPO 手机从用户的抱怨中找到了"痛点"，在手机中搭载了 VOOC 闪充功能，不仅让手机功耗降低、更加省电，同时还能在不伤害手机电池的情况下快速充电。

这个功能给 OPPO 手机带来了巨大的市场，到现在为止，它的用户已经超过了 1000 万。

4.2　影响用户需求的关键因素

越来越多的产品经理已经不满足于挖掘用户需求，而是去"创造"需求。

他们大都是乔布斯的忠实拥趸，并认为乔布斯是"创造"需求的高手——在智能机还未大行其道的时候，他"创造"出人们对智能机的需求。

事实并非如此！

"创造"需求本身是不存在的，所谓的创造，只不过是深度挖掘的另一种说法而已。"创造"出的需求，其实就是人们本身固有的需求。

没错，苹果手机外形时尚、功能强大，拥有着完美的设计以及用户体验，这些需求是创造出来的吗？

当然不是，只是满足了人们追求更方便、更美观、更人性化的需求罢了。

不过产品经理也不要沮丧，我们虽然不能"创造"需求，但是我们能影响需求。

想要影响用户需求，就要先剖析用户，对用户进行需求分析。

所谓的用户需求分析指的是从产品的价格、可获得性、包装、性能、易用性、生命周期成本和社会接受程度等方面来了解用户对产品的需求，并依此与业界主要对手进行对比分析，确定细分市场的产品需求定位和竞争策略。

另外，我们可以利用人的一些特点，比如爱美、猎奇、博爱、从众等，也能影响用户的需求。

4.2.1　人人都爱美

场景 A：用户想要上传真实照片作为某社交软件的头像，他会选择所有图片中最漂亮的那一张。

场景 B：用户想要将自己生活的一面上传到某社交软件，他会选择对视频或者图片进行一下修饰，比如为自己做出来的菜加个滤镜。

场景 C：两位原本陌生的用户通过某社交软件建立了联系，当他们在现实生活中见面时，发现不管是容貌、性格还是爱好，对方和网络上的表现都有所不同。

为什么会出现以上现象？心理学家认为，动机是驱使人从事各种活动的内部原因。人们之所以在社交网络上扮演更好的自己，和人们爱美的天性是分不开的。

在智能机普及的时代，几乎每段时间都会出现一匹"黑马"，带动一股热潮，比如大家都熟悉的"魔漫相机""疯狂猜图""脸萌"（图 4-8）。

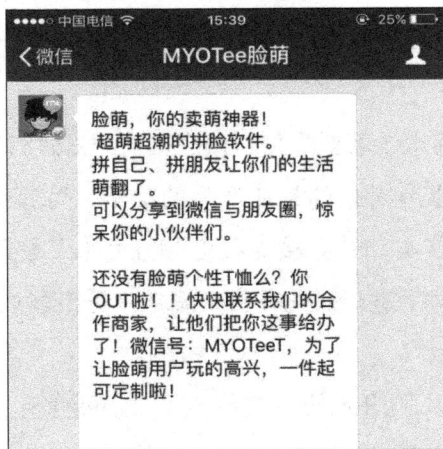

图 4-8　脸萌公众号界面

美图秀秀及其推出的美拍就是这样的一款 App，凭借简单的操作和丰富的功能，产品上线后就迅速吸引了大批用户。

爱美之心人皆有之，这种人性的特点在互联网上更是被放大了无数倍。用户利用美图秀秀，不管是自拍还是拍摄生活场景，借助滤镜、修图等功能，能呈现出更光鲜亮丽的样子。这样，我们传到社交网站上的照片会更美、更受欢迎。

而利用美拍，只需要拍摄 10 秒，便可以选择一个效果很棒的模板来套用，可以轻易达到其广告宣传的效果——"10 秒成就一部大片"（图 4-9）。

图 4-9　美拍视频

除了"傻瓜式"操作、多样性和延展性、使用频率高、不断丰富功能以外，美图秀秀最重要的一点就是满足了用户的"痛点"——爱美。

4.2.2　用户爱听意见领袖的

在大多数的情况下，产品经理是无法直接影响用户需求的。反倒是那些"意见领袖""行业先锋"能大大刺激用户的购买欲望。

互联网时代的"意见领袖"具有以下特点，具体如图 4-10 所示。

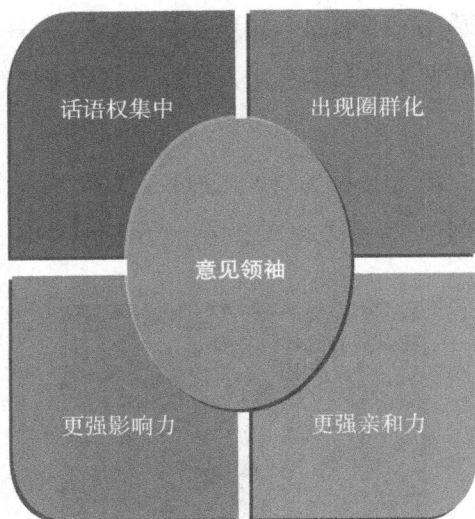

图 4-10 "意见领袖"新特点

第一，具有更强的亲和力。随着各种工具如微博、微信等的兴起，"意见领袖"不再高高在上，而是呈现生活化的一面，所以他们的亲和力比以前更强。

第二，话语权集中。以前，人们接收消息和传递消息是个不对等的过程，现在这种情况却被改变了。尽管进入了"全民传播"的时代，但是话语权的大小还是有着明显的区分——"意见领袖"的话语权越来越大，也越来越集中。

第三，影响力增强。借助互联网工具，"意见领袖"一旦发声，就能迅速传播，并在短时间内吸引成千上万人的注意。

第四，出现圈群化现象。在互联网时代，"传播领袖"和普通民众之间的关注是相互的，互动是频繁的。这种情况导致了圈群现象的出现，反过来又加大了"意见领袖"的影响力。

4.2.3　用户更愿意随大流

如果想从淘宝购买某种产品，我们会怎么做？对于一般人而言，产品参数反倒不是最重要的，重要的是店铺等级是钻石还是皇冠、店铺排行靠前还是靠后、用户好评多还是中差评多。

这就是典型的从众心理体现。从众心理就是人们由于受群体的引导或者压力影响，不加分析地接受多数人认同的观点或参与行动的一种心理。

当周围大多数人都在使用某款产品，用户便有尝试的冲动。对于他们而言，这款产品足够"安全"——因为大家都在用，所以这款产品理应是时尚的、方便的、质量好的、有用的。即便使用效果和预期有所出入，人们也会用"大家都在用，不是我一个人吃亏上当"来自我安慰。

那么如何利用从众心理来影响用户的行为呢？

最简单的做法，就是将用户的使用信息记录下来，并向其他用户传递——看，大家都在使用我们的产品，并且一致好评。这种方法多见于排行榜单，比如用户打开应用商店想下载一款游戏，在没有明确目的性时，他们往往关注排行前几位的应用。查看其他用户的使用评价后，他们便会下载试玩。

如果你问用户为什么会选择苹果手机，也许每个用户都有自己的答案，有人会因为追逐时尚，有人则会为了满足日常需求，也有人对苹果超级流畅的操作体验赞不绝口……

但是，很多用户选择苹果手机只是因为接受了其他苹果手机用户的推荐。根据 Kantar 的调查显示，这个比例竟然占了 27%，几乎占据苹果手机用户的 1/3。

4.3 了解需求，用事实说话

如果产品被淘汰出局，并不是竞争对手把产品淘汰了，而是产品被用户抛弃了。

对此，产品经理深以为然。想要让产品获得尽可能长的生命力，了解用户需求便迫在眉睫。但是，互联网时代赋予了用户需求新的变化——更加个性化和碎片化。在这种情况下，该如何把握用户需求？

利用数据分析是不错的方法，它能迅速地捕捉和响应用户需求。

第一，数据中往往隐藏着用户体验。

第二，数据是客观存在的，利用数据来了解用户需求，比假设更实际。

第三，数据覆盖了产品的各个方面，能帮助我们减少用户分析的盲点。

第四，用户需求的优先级总在变化，这种变化最早体现在数据上。我们可以通过收集数据对用户需求的变化做出分析，并据此来调整产品。

用户对产品的需求是"无边界"的。这就要求产品经理能利用客观数据深度理解用户需求，牢牢把握用户需求的变化。

4.3.1 用户跟踪调研

在过去，用户购买了产品往往意味着交易过程的结束。而现如今，用户使用了产品则代表着我们和用户之间的关系刚刚建立。

产品上市后一般会有以下几种表现，具体如图 4-11 所示。

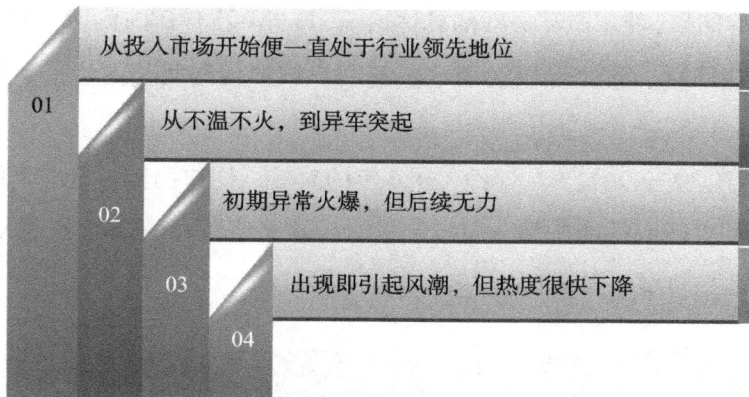

图 4-11　产品上市后的几种表现

（1）产品从上市便一直引领潮流，从投入市场开始便处于行业领先地位；

（2）产品投入市场之后不温不火，找到爆发点后便迅速异军突起；

（3）产品初期异常火爆，但是后续无力，沦为"鸡肋"般的存在；

（4）产品异常火爆，但只是昙花一现，很快就淡出用户视线。

所有产品经理都希望自己的产品能有最好的表现，就像第一条所说的那样。想要达到那种程度，就需要我们不断地进行用户调研。只有这样，才能快速迭代，不断满足用户多变的需求。

可是，更多的产品经理将精力投入到产品前期，也就是开发阶段，此时的产品经理对用户需求抱有极大的热情。他们愿意花费时间、精力去收集数据。等到用户使用产品时，产品经理对用户需求则进入"懈怠期"，殊不知这个阶段的用户需求数据更为重要。

在这里介绍一下常见的调研方法：问卷法是大家非常熟悉的一种方法了，除此之外还有访谈法以及构建用户画像和数据分析法。

在使用访谈法的时候，一定要用广泛而开放式的问题。比如产品使用时的美好回忆，使用产品失败的具体情况，最近一次使用时的所见所想……通过这些问题，我们可以清楚地了解用户试图使用我们的产品解决哪些问题。

陌陌创立于 2011 年，到了 2014 年的时候，用户已经过亿。而陌陌根本不满足自己取得的成绩，对自己进行了重新定位——淡化陌生人社交，向兴趣社交转型（图 4-12）。

图 4-12　陌陌主界面

随后，陌陌升级了产品。在升级过程中，他们引入了"星级用户"的概念，并对一些不良用户进行了限制。

这些动作无一不是在向用户宣布："转型，我们是认真的。"

之所以走转型之路，是因为陌陌通过对用户的深度调研发现，原有的品牌内涵已经不能满足陌陌进一步发展的用户需求。面对这一情况，要么转型，获得更大的发展空间；要么坐吃山空，等待被用户抛弃。

陌陌的举动从来都是"有的放矢"——建立在充分的用户调研基础上。在诞生之初，他们采取了陌生人社交的方式，避开了社交软件巨无霸微信的锋芒。如今，陌陌采取转型的方式，希望能续写自己的辉煌。

4.3.2　收集用户反馈

有一次，美国的一家连锁餐厅收集了大量客户对汉堡的评价，不管是正面的还是负面的。根据这些评价，餐厅新推出一款汉堡。客户尝过后纷纷表示，这款新汉堡的味道很好。从确定思路到最终推出这款新汉堡，只用了一个月的时间。而在过去，想推出一款新汉堡需要不断测试，大概要花费一年的时间。

这就是用户反馈的魔力所在。

什么是用户反馈？简单来说，用户将使用我们产品的意见、疑问甚至是心情等告诉给我们，这个过程就是"用户反馈"。

收集用户反馈的好处有很多，它能帮助我们了解产品的不足，并检验产品是否和目标用户相匹配，还能获得用户需求的相关数据（当然，这些数据和用户需求之间并不画等号），并以此为依据开发或者改进我们的产品。

在收集用户反馈的过程中，我们要时刻注意以下几点，具体如图 4-13 所示。

第一点，我们收集的用户反馈代表了全体用户的想法吗？

第二点，我们能否从用户反馈中找到用户的潜在需求？

第三点，在收集反馈意见的过程中，选择哪些用户参与才能确保效果最大化？

第四点，在收集反馈意见的过程中，我们会获得一些用户需求，其中哪些需求需要我们深入理解？

☑ 是否和目标市场上所有主要类型的客户都交流了？

☑ 通过捕捉客户的潜在需求，我们能够看到产品相关需求之外的需求吗？

☑ 在实际客户交流中，哪些将成为进行开发活动的优秀参与者？

☑ 哪些是我们现在知道而开始是不知道的？我们是否对其中的需求感到惊奇？

图 4-13 收集用户反馈需要注意的问题

除了注意这几个问题外，我们还需要考虑收集反馈的方法。

第一种，运营人员反馈。运营人员会和用户频繁接触，能第一时间获得用户反馈。

第二种，联络后通过问卷或者是电子邮件调查。

第三种，定期的用户调查。

第四种，语音分析。就是将用户的来电进行归纳分析，从中找到有价值的意见。

第五种，网络观察。

Windows 8 这款产品曾被寄予厚望——微软期待触摸屏和可连接应用时代的到来。

然而，这款产品并没有带来预期中的效果，反倒被用户批评得体无完肤，甚至很多用户拒绝使用 Windows 8。

随着 Windows 10 的出现，颓势才扭转。其实这两款系统有很多相同之处：都适配手机移动应用，都是建立手机操作系统的基础，目的都是让用户获得更好的体验。

两者最大的不同在于 Windows 10 研发团队非常开放，注重收集用户反馈，经常会和普通用户进行交流。

在 Windows 10 还没有面世之前，微软便开放了 500 个内测名额。只要你愿意，就可以注册并参与体验。

你可以赞美 Windows 10 的功能，也能抱怨它的不便，不管你的意见如何，Windows 10 的产品经理都会冷静以待。他们深刻地意识到，用户反馈是提升产品品质的有效手段。

这种交流并没有随着 Windows 10 的发布而结束。其研发团队的主要成员表示，他们会在接下来的几个月甚至几年时间里持续收集用户反馈，并对这些反馈进行有效跟进。

4.4　如何抓住用户的刚性需求

想要获得用户的青睐，少不得满足他们的需求。可是用户自发地分成了一个个小圈子，我们如何去满足不同圈子的用户的需求？

这种情况下，我们可以满足用户的刚需。

"刚需"这个词，随着互联网的发展越来越被频繁提及。形象地说，我们平时吃饭、喝水、呼吸、排泄、治病……这些无法回避的需求便是刚性需求。

马斯洛将人们的需求分为五个层次，具体如图 4-14 所示。

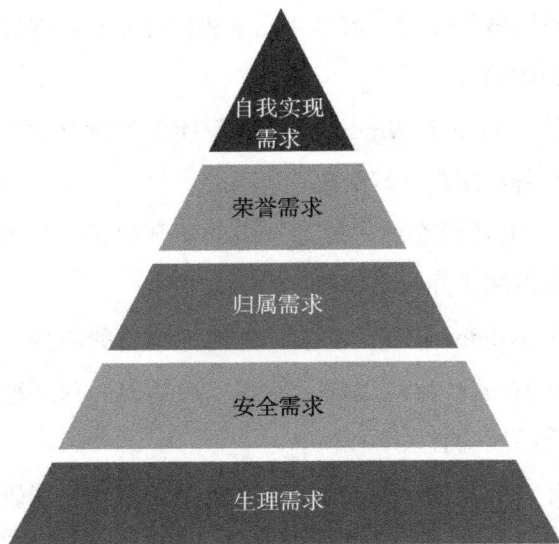

图 4-14   马斯洛需求理论

第一层是生理需求，是人们维持自身生存的最基本要求。

第二层是安全需求，是人们对于安全、秩序、自由的要求。

第三层是归属需求，是人们对于归属感的需求。

第四层是荣誉需求，包括成就、尊重、欣赏等。

第五层是自我实现需求，包括实现自我价值和理想、抱负等。

产品满足的需求层次越高，价值就越大。

4.4.1   人人都离不开的生理需求

生理需求，更多的时候是我们的本能反应。困了，就需要睡觉；饿了，就需要吃饭；渴了，就要喝水……这都是单纯的生理反应。

如果我们做产品，能够以人们的生理需求作为切入点，则意味着我们的用户群非常广泛。

满足用户的生理需求也是有技巧的。

首先，我们要通过延伸服务额外满足用户的需求；另外，我们还要注意，用户需求是不断变化的，我们应当与时俱进。

美团外卖 2013 年才上线，只用了两年时间，就取得了覆盖全国近 300 个城市、日订单量接近 300 万、市场份额目前全国同行业第一的成绩（图 4-15）。

图 4-15　美团外卖

美团外卖为什么这么火？

美团外卖的 Logo 是一只袋鼠，取意袋鼠的袋子大、跑得快。这也是美团外卖的定位："美团外卖，送啥都快。"

对于用户而言，无需出门、排队、等待，在家即可享受美食；对于商家而言，提升了知名度，增加了覆盖范围和营业额……正因为满足了双方的刚需，所以美团外卖的"火"是水到渠成的事。

4.4.2 给用户"安全感"

用户需要什么？优质的产品，真诚的服务，良好的售后……不错，这些都是用户需要的，但是我们不能忽略给用户安全感。

利用这一点，"无秘"避开了走熟人社交路线的微信和陌生人社交路线的"陌陌"，在两者的夹缝中成功找到了自己的生存空间（图4-16）。

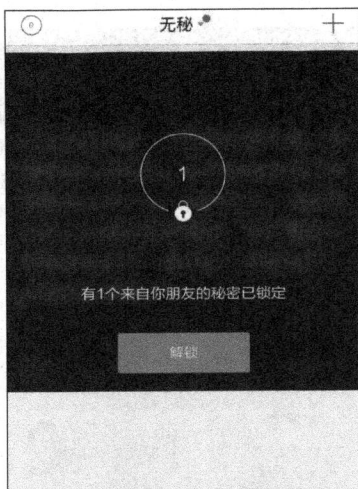

图4-16　"无秘"的用户界面

在现实生活中，人们往往会自觉不自觉地戴着面具。走匿名路线的"无秘"，让用户可以摘下自己的"面具"，在这里畅所欲言。

"无秘"利用用户的通讯录建立基础社交关系，如果有三名以上的通讯联系人在使用"无秘"，那么用户即可解锁查看他手机上的联系人，即朋友以及朋友的朋友发布的匿名信息，并可以对这些匿名信息进行评论。

朋友还是那群朋友，但是大家都隐藏了身份。虽然分不清他们的具体身份，但是他们发布的内容却是真实的——也许这个人在普通的社交软件中晒出了豪宅，但是他却在无秘中说："房贷给我的压力太大。"

"无秘"的这种特性给了用户安全感，所以上线首日就蹿升至社交应用下载榜第一名。

"无秘"的成功让我们看到，满足人们安全感需求的产品必定会受到用户的欢迎。

4.4.3 满足用户的社交要求

2012 年 5 月 31 日，一款 App 上线了。仅仅用了五天，这款 App 就成了应用商店里同类型 App 的 NO.1。更惊人的是，这款 App 蝉联第一名的宝座长达三个月之久。这款 App 就是"唱吧"（图 4-17）。

图 4-17 "唱吧" App

我们可以把"唱吧"理解为手机中的 KTV 软件。人们利用这款 App，可以随时随地获得在 KTV 唱歌的效果。

产品形式创新，并抓住了"互联网＋"的风口，这些都是"唱吧"成功的关键。

但不要漏掉关键的一点，那就是"唱吧"加入了社交的属性。如果使用"唱吧"唱歌，可以将录制好的"个人专辑"和好友们分享。如果你唱得足够好或者有特色，会被其他用户"围观"。很多明星也在使用它，你们同处一个社区，距离是那么近。

正是因为加入了社交属性，所以这款 App 才不至于沦落为现象级产品。

要知道社交是用户的刚需。人作为群居性动物，天生爱社交。这种对社交的刚需，在互联网时代达到了一个高峰。

人们通过"唱吧"传递了自己的声音，这是一种自我表达的方式。就像是我们利用朋友圈"晒"、利用微博"说"、利用美拍"演"一样。

4.5　还原场景，深挖用户需求

互联网时代，产品经理言必谈"场景"，场景究竟是什么？

用户在某个时间或者某个环境，出于某种动机使用我们产品的某个功能，其中的环境、时间、动机便是场景。

在很多时候，产品的使用场景往往比用户需求还重要。

举个例子，我们推出了一款停车 App，以便为广大车主提供便利。很多车主都为停车苦恼过，这款产品是可以解决用户痛点的。但是用户使用时却发现，当他们需要停车的时候是无法将注意力集中精神在手机上的，因为这样做很不安全。

于是这款 App 就会遇冷，因为它缺乏必要的使用场景。

同样，我们也可以通过场景推导出用户需求。

还是以车主这个群体为例，我们可以分析他们平时选择 App 时候的倾向性、什么时候使用、使用的时候会关注哪个点等，那么这个群体的需求就变得相对清晰了。

4.5.1　细分场景，解决方案里藏需求

场景 A：某款产品推出优惠，购买这款产品便可以获得电影代金券一张。

场景 B：App 的宣传单上写着，只要下载 App，就能获得超市购物券。

场景 C：二维码宣传页面上写着，只要扫一扫，关注即可得到小礼物。

有些 App 尽管给出了优惠，但是转化率依然上不去。产生这种情况的原因，就是这些 App 只是单纯地满足了用户的需求（优惠），却没有细分场景。以场景 A 为例，用户准备去看电影时看到这款产品的优惠，与准备出去旅行时看到的反应肯定是不一样的。

所以，想要做出好产品，产品经理必须深刻认识场景，并懂得对场景进行细分。

细分场景一般分为如下几个步骤：

第一步，要明确谁使用；

第二步，要明确使用什么；

第三步，要明确为什么要使用。

明确这三点，就能得到用户使用场景的大概模样。

用户完成购物并不代表交易的结束，因为个人体验、产品品质等原因，用户有时会选择退货。这个时候，矛盾出现了：究竟是卖家付邮费，还是买家付邮费？别小看邮费，在淘宝后台收到的退款交易纠纷中，有42% 都是因为买卖双方就退货邮费问题协商不一致产生的。

针对这一点，保险公司推出了"退货运费险"，并于 2010 年 11 月 9 日正式投入淘宝网（图 4-18）。

图 4-18 商家用"退运险"来招揽用户

"退运险"一经上线，就受到了买家和卖家的欢迎，成为电商领域的明星保险产品，甚至被称为"有史以来卖得最火的险种"。

这句话一点也不夸张，仅仅在 2014 年"双十一"期间，淘宝平台的退货运费险就达到了 1.86 亿份；到了 2015 年的"双十一"，这个数字激增至 3.08 亿。

"退运险"之所以能创造这样的奇迹，就是因为保险公司对用户购买产品、体验产品、产品反馈这一系列的场景进行了细分，明确了谁使用（喜欢网购的用户使用）、使用什么（喜欢网购的用户使用退运险）、为什么要使用（为了在网购的过程中，减少自身出运费的风险），并找到了最佳的切入点。

4.5.2 使用场景，获得高黏性需求

如果你所在的企业要推出一款面向都市白领的智能手机，那么这款手机应该添加哪些因素来满足他们的需求？

　　有的产品经理会选择酷炫的外观，有的产品经理会选择大气的页面设计，有的产品经理会选择先进的技术……无疑，这些因素都是需要考虑的。但是，请不要忘记将使用场景考虑进去。

　　比如，人们对手机越来越"爱不释手"，结果流量很容易用完，所以一旦有Wi-Fi就会马上去连接，在这方面，我们的智能机该如何应对？

　　或者，如何在拥挤的交通工具中，如地铁、公交车上安全、舒适地玩手机？

　　或者，人们越来越喜欢用表情、动画等代替文字发送信息，我们该如何利用手机满足这种需求？

　　如果能充分考虑到使用场景，那么就会有效减少我们产品的各种不足。

　　我们可以根据用户当前所处的时间和地点、用户特征、发生的事情、触发的需求、用户的解决办法，并将用户使用产品前后的状态进行对比分析，就能还原用户的使用场景。

　　"企业微信"便很好地做到了这一点（图4-19）。

图4-19　"企业微信"登录界面

很多人都有这样的体验：辛苦工作了一上午，马上迎来美好的休息时间，没想到这个时候，同事忽然发过来信息，即便和工作关系不大，却也打扰了他们的惬意时光。

企业微信的"休息一下"，便是针对这种使用场景设计的。用户只需要打开这个功能，就不会再被工作上的事情所打扰。当然，如果用户认为休息足够了，随时可以结束这种状态，重新投入到工作中来。对于职场人士来说，这个功能非常人性化。

4.5.3　还原场景，给予用户更多满足

如果产品经理能够充分还原场景，往往能更好地满足用户需求。这意味着我们的产品对用户的吸引力更强、黏性更高。

阿里旅行就做到了这一点（图 4-20）。

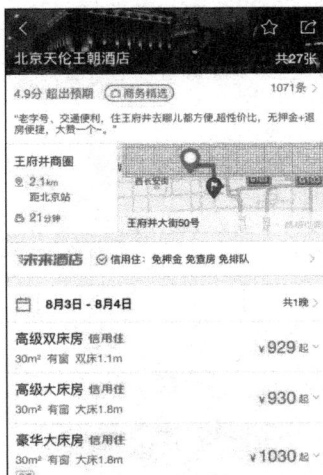

图 4-20　阿里旅行的"信用住"

相信很多人都遇到过下面的情况：节假日出行，酒店人满为患，入住

登记的地方排起长龙，让用户十分不耐烦和焦躁；入住之前酒店会收取押金，增加了一道手续不说，还破坏了用户入住的心情；用户正在酣睡却遭遇查房，极大地影响了睡眠质量……

阿里旅行的"信用住"，能让用户告别这些尴尬和烦恼。

阿里旅行的"信用住"把用户场景分为四个维度，具体如图 4-21 所示。

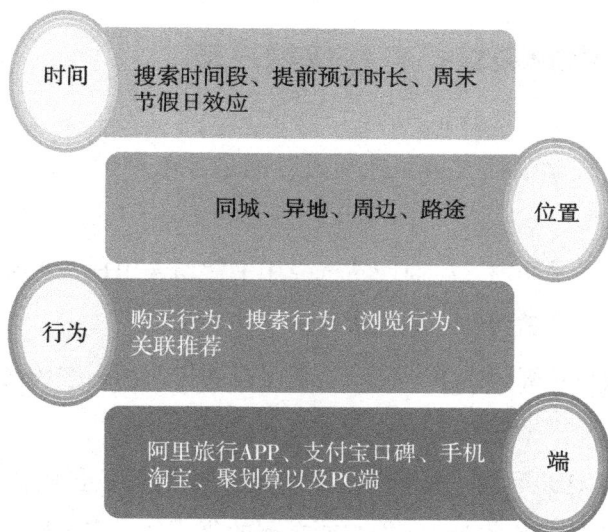

图 4-21 "信用住"的四种维度

第一，时间。假如用户搜索的时间是节假日，那么便可以推断出该用户需要的场景是休闲度假，阿里旅行便不会推荐商务型酒店。

第二，地点。如果用户的常驻地在北京，但是经常会去香港，那么阿里旅行就会还原用户的使用场景，初步推断其是商务人士，会更有针对性地推荐酒店以及相关服务。

第三，行为。用户会购买哪种产品、浏览哪些信息，这些都为阿里旅行提供了精准的数据，帮助他们还原用户的场景，更有针对性地推荐产品。

第四，客户端。用户可以通过阿里旅行 App、支付宝、手机淘宝、聚划算和 PC 端了解产品等。

正是因为阿里旅行高度还原了用户使用场景，所以它能提供更细致、贴心的服务。这些服务能帮助它留住老用户，并获取更多的新用户。

4.6　瞄准高频需求，打造爆款产品

当我们打开微信朋友圈，往往面对的是各色广告，其中以化妆品为主流。

电子商务发展初期，电商网站选择用书籍切入用户，淘宝让服装网购成为流行，为什么微商会选择化妆品？

因为化妆品是高频需求。高频需求是指用户使用频次较高、重复选择率较高的产品需求。

人人爱美，这是天性。为了满足这种天性，人们势必会对皮肤进行保养、护理，这就需要用到化妆品。加之朋友圈的化妆品大多价格便宜，所以成为很多人的选择。

产品经理必须时刻记住"高频"二字，只有满足用户的高频需求，才能持续不断地为用户服务，才能更好地黏住用户。

4.6.1　低频需求中藏着高频服务

假如你所在的企业准备开发一款 App，现有两个方向供你选择：第一个方向，以汽车行业为主；第二个方向，以旅游行业为主。

从表面上，第二个方向是高频需求。毕竟除了汽车发烧友外，每个人一生需要的汽车无非就那么几辆，这是绝对的低频。

如果你做出了这样的选择，说明你陷入了固定思维的陷阱。的确，汽车交易是低频，但是汽车维修、保养、洗车以及二手车交易等却是高频。

也就是说，高频和低频之间的关系是"你中有我，我中有你"的，如果我们能从低频需求中找到高频需求，极有可能开辟出新的市场。

"修哪儿"就是如此做的（图4-22）。

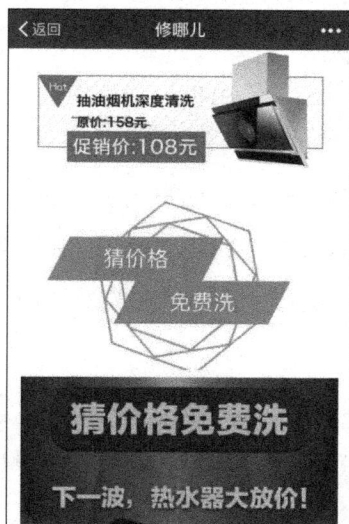

图4-22 "修哪儿"App

大部分人都不会频繁地购置家电，这让很多产品经理认为，家电行业是低频需求行业。

但是"修哪儿"却反其道而行之，他们从低频需求行业中挖掘到高频需求——现在人们对于生活品质的要求越来越高，对健康也越来越重视，所以会定期清洗油烟机、洗衣机、冰箱等家电，可是他们又不愿意或不会自己动手。

于是"修哪儿"提供了包括家电清洗、维修在内的各种高效便捷的服务。效果如何？我们用数据说话："修哪儿"2015年3月创立公众号，到2016年年初的时候，关注用户已经突破30万。

我们可以根据不同类型，对所谓的低频市场进行细分。

第一种，地理位置。一线城市已经饱和了，那么二三线城市呢？农村呢？

第二种，人口特征。按照年龄、性别、收入、教育程度等因素，找到不同特征人群的高频需求。

第三种，使用行为。按照使用量、费用支出、购买渠道、决策过程进行划分，从中找到高频需求。

第四种，价值观和生活方式。用户的价值观和生活方式不是一成不变的，我们要从这个点切入，往往能找到他们的高频需求。

第五种，使用动机。动机往往直接和需求挂钩，我们掌握用户的动机，便能找到新的需求点。

第六种，使用场景。分析用户在什么地方、什么时间、如何使用产品，还原用户的使用场景，就能找到用户新的痛点，进而发掘高频需求。

4.6.2　切入盲点，满足用户需求

对于餐饮业来说，海底捞简直是一个传奇。去任何平台搜索一下海底捞，都是好评如潮（图4-23）。

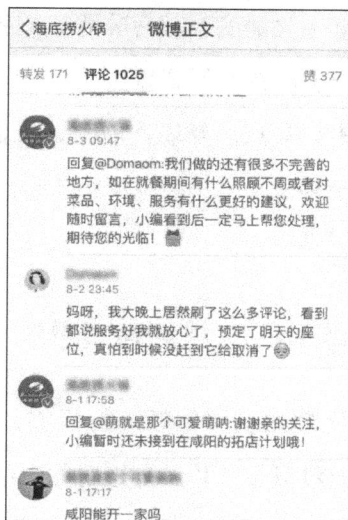

图 4-23　用户对海底捞的赞美

如果我们带宝宝去海底捞的话，服务人员会立刻给宝宝准备好专用的餐椅，同时，奉上适合宝宝口味的嫩滑鸡蛋羹，并送给宝宝精巧的小玩具；如果是孕妇去海底捞用餐，服务人员会为她准备更为舒适的座椅，以及清爽开胃的小菜。

这些在人们看来极为暖心的服务，对海底捞来说却是自然之极，因为他们走的就是服务至上的路子。

在大家普遍不太重视服务的情况下，海底捞找到了用户的"盲点"，并凭借极致的服务迅速崛起。

那么我们要找的盲点究竟在哪？

首先，我们要从产品自身寻找盲点。用户的需求不是一成不变的，而且需求会越来越个性化。我们从这个点切入的话，很容易能找到盲点。

其次，我们可以从价格上寻找盲点。产品定位不同，价格自然不同。

如果能从价格中找到市场上欠缺的，就意味着我们找到了盲点。

再次，我们可以从产品创新上找到盲点。

最后，从安全消费中找盲点。互联网时代，人们对安全的重视达到了一个新的高度，不管是身体上的、心理上的还是个人信息上的。切入安全这个领域，往往能找到盲点。

4.6.3 跳出"标准化"，找到高频需求

很多产品都被产品经理贴上"低频"的标签，并"敬而远之"。我们再强调一遍，低频是个相对概念，并没有绝对的低频高频，只要操作得当，低频也能变成高频。

比如我们要做一款代驾 App，想要打开市场是有难度的。不仅有同类产品珠玉于前，还有很多其他类型的产品也或多或少覆盖到了代驾市场。

那么我们该如何找到自身的优势呢？

我们发现，代驾 App 有一套自身的"标准"，那就是"信息匹配＋代驾"。但是这些 App 却无法掌握代驾完成后用户是否有新的要求。也就是说，标准化的只是流程，而不是用户需求。

如果我们跳出这个标准化呢？比如在接到用户信息之后先询问用户是否需要携带物品（比如醒酒的饮料、治疗醉酒导致头疼的药品等），在送达目的地之后，询问用户是否需要送回家等服务……

跳出"标准化"，就为我们找到了生存空间。

很多崭露头角的婚嫁摄影 O2O 平台，如婚趣网、去拍啊、喜拍拍（图 4-24）等，都是跳出了标准化的桎梏，把低频需求变成高频需求的。

图 4-24 "喜拍拍" App

拍摄婚纱照是婚嫁过程中不可缺少的环节。但是传统的婚纱摄影弊端不少——模板千篇一律，服装大同小异；姿势一样，妆容相仿；收费不透明，流程不合理……

随着互联网的普及，这种情况在一定程度上有所好转。喜拍拍的口号是"拍出有故事的婚纱照"，它利用互联网平台为新人创作有个性、有故事的婚纱照，比如跨区域拍摄、跨区域组合拍摄等，并且为准新人提供交流的空间，让他们可以交流备婚经验，以及拍摄婚纱照的各种细节等。

可是，对于大部分人来说，婚纱照可能只会拍一次，这不还是低频吗？

没错，婚纱照是低频需求，但是摄影是具有延展性的，很多用户尤其是女性用户，会根据婚纱照的拍摄情况，决定是否在此拍摄全家福、个人写真以及将来宝宝的照片等，这就变成高频需求了。

第 5 章

如何做有价值的产品分析报告

　　对某款产品进行有效、深入的分析并做出有价值的产品分析报告，是产品经理必备的基本技能。

　　通过产品分析报告，产品经理可以更了解产品，明确产品从何而来，有哪些重大功能；可以更了解用户，明确他们的需求从何而来，又有哪些盲点；可以更了解市场，明确市场对产品的接受程度，以及同款产品的市场占有率……

　　尽管产品分析报告非常重要，但是部分产品经理却应付公事般把它做成了枯燥的 PPT，这样的分析报告是没有什么价值的。那么如何才能让我们的产品分析报告发挥其最大的价值？

5.1　产品分析报告应包含的内容

　　下面我们来看看产品分析报告的主要作用、主要内容以及写作注意事项。

1. 产品分析报告的作用

产品分析报告的作用主要有以下三个，具体如图 5-1 所示。

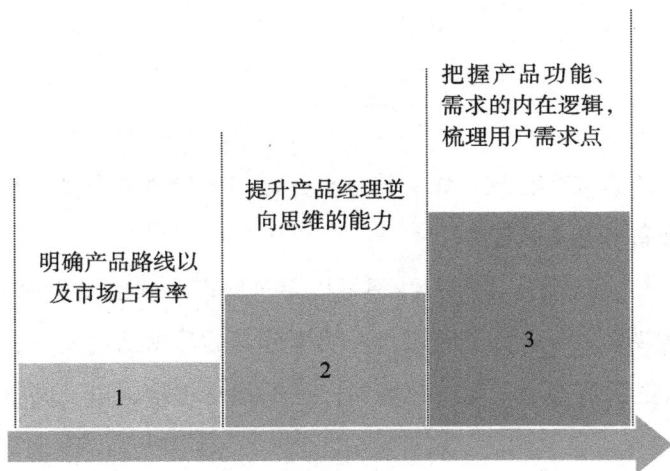

图 5-1　产品分析报告的作用

（1）明确产品路线以及市场占有率。

（2）提升产品经理逆向思维的能力，进而培养产品经理逆向培养产品的感觉。

（3）把握产品功能和需求的内在逻辑，梳理用户需求点。

2．产品分析报告的内容

产品分析报告的主要内容如图 5-2 所示。

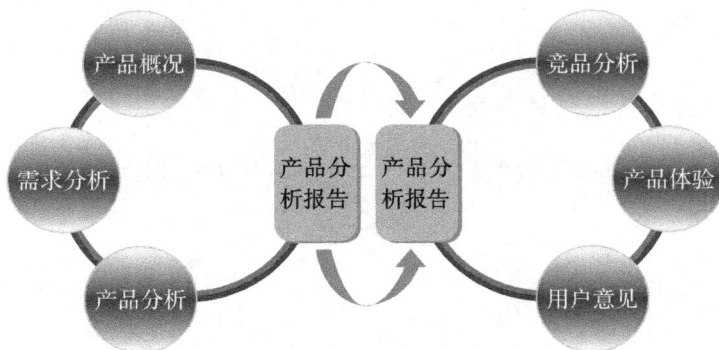

图 5-2　产品分析报告包含的内容

（1）产品概况。包括推出这款产品的背景（市场变化、用户需求变化、同类产品的变化等）、产品的简介（这款产品具有哪些功能），以及产品的定位（这款产品将主要满足哪类人的核心需求）。

我们可以将产品概况看成是"前言"，引导人们了解这款产品究竟是什么。

（2）需求分析。在这个环节，产品经理需要清晰地构建用户画像，并还原用户使用产品的场景，以及明确指出用户使用产品的目标是什么。

构建用户画像，能有利于我们直观地看到产品和用户是否可以无缝对接；还原用户场景，可以了解用户在什么情况下会使用这款产品，便于我们明确用户的需求，并挖掘其潜在需求；明确用户目标，便可以知道用户用产品来做什么，进而对我们的产品功能进行删减，确保产品更符合用户需求。

（3）产品分析。产品分析主要包括两大块内容，即产品结构图和用户使用流程图（图 5-3）。

图 5-3　产品分析包含的内容

第一，产品结构图。我们的产品是需要分层级的，因为它要满足不同用户的不同需求，所以各个功能有对应的优先级。在产品分析报告中加入产品结构图，可以明确各个功能所在层级以及功能分类框架等。只有这样，才能分析不同层级功能的合理性。

第二，用户使用流程图。我们需要对用户的使用行为进行细分，化繁为简，分为一个一个具体的步骤，并将这些步骤变成图表的形式，以便产品经理了解用户在使用过程中会遇到哪些问题。根据用户使用流程图，我们可以进一步确定哪些功能存在问题、哪些功能是用户不需要的、哪些功能是用户偏爱的，并以此为依据对功能进行分级。

（4）竞品分析。对产品自身进行深入分析之后，接下来需要分析竞品的相关信息（图 5-4）。

第一，选择竞品。在目前的市场环境中，究竟哪几款竞品受到用户长久欢迎？它们又是凭借什么来吸引用户的？这些产品有哪些优点和缺点？

第二，优缺点比较。我们的产品如何和竞品区分开来，应该借鉴哪些元素（包括品牌建设、运营等），又应该改正哪些缺点。

图 5-4 竞品分析的内容

（5）用户体验。产品经理可以选择不同渠道，比如产品论坛、各种社交网站或者相关应用商店等，查看相关评论，收集用户反馈。同时，也可以邀请用户进行体验，收集他们对产品的意见、建议等。

用户反馈会有一定的重合，不必一一罗列，只选择有代表性的即可。

（6）运营意见。产品经理需要对产品的各个环节负责，其中就包括运营。我们必须在产品分析报告中提交运营策略（当然，这份策略需要事先和运营人员进行沟通，以确定方案可行）。

3．写产品分析报告的注意事项

在写产品分析报告时，产品经理需要注意以下四个事项，具体如图 5-5 所示。

图 5-5　写产品分析报告的注意事项

（1）重点突出。我们的产品分析报告必须要有重点，比如着重介绍产品，或重点强调竞品，或重点分析行业的产品模型等。如果产品分析报告过于追求面面俱到，很容易就会变成"大杂烩"。

（2）兼顾细节。产品分析报告不仅要有合理的框架，还要注意细节。有的产品分析报告一上来就介绍宏观的概念，如目标用户、产品定位之类，但是对产品的一些特点、有趣的功能却避而不谈。

Facebook 曾有段时间遭遇大量用户流失，面对这种情况，Facebook 是如何应对的呢？

他们就增添了一个小功能：在用户注销账号的时候，在确认页面下方加了几位好友的头像，佐以煽情的文字："你确定要离开吗？离开的话，就再也见不到这些朋友了。"

就凭借这一个小小的细节改动，Facebook 挽回了大量用户。

（3）用事实说话。不管是分析产品还是分析用户需求，我们都不能用"假大空"的辞藻堆砌，最好建立在翔实、丰富的事实或数据基础上。

在这方面，大众点评是绝对的智者（图 5-6）。

图 5-6　大众点评界面

大众点评想推出一款自动语音应答系统，但他们不知道用户对此持什么态度。

为此，大众点评干脆让客服人员"冒充"电脑系统来应对用户。事实证明，用户对语音应答系统并不反感。同时，在和客户互动的过程中，客服人员发现了很多事先未预料到的场景和问题。根据调研结果，大众点评推出了新系统，果然大受欢迎。

（4）注意迭代。产品分析报告必须注意产品的迭代问题，因为产品迭代可不是后期"随着需求的变化而变化"那么简单，而是产品处于不同生命周期的战略变化。

我们所熟悉的暴走漫画，便通过迭代提升了用户的活跃度（图 5-7）。

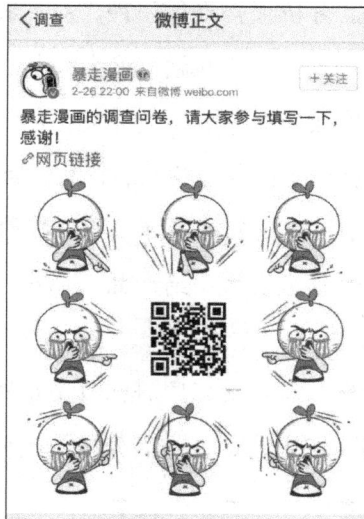

图 5-7　暴走漫画

暴走漫画选择新增用户作为样本，根据其活跃程度将其划分成"活跃用户"和"普通用户"，并对两种用户进行了相应的调研。他们发现，那些点击过"浏览分类漫画""加好友""我的暴走"的用户，大多成了活跃用户。

针对此点，暴走漫画明确了迭代方向，对首页进行了改版，并凭借此举大大提升了用户黏性。

5.2　为什么你的产品分析报告无法打动人

好的产品不是凭空设计出来的，而是迭代演化出来的。同样，一份打动人的产品分析报告也是如此。

产品经理可以将产品分析报告当作一种产品。我们开发产品的时候经常要面对三个问题：做什么、为了谁做、能带来什么价值，将这三个问题代入产品分析报告中同样适用：

产品分析报告的侧重点是什么（竞品、自身特点、迭代等）；

产品分析报告分析给谁看（公司领导、团队其他成员、投资方等）；

产品分析报告能产生什么价值（给产品、用户、投资方、公司带来什么利益）。

本着这三个问题，我们需要认真调研，收集足够多的数据，对数据进行精心处理，找到我们要切入的点，进而分析产品所遇到的各种问题，并提出解决方案。

只有这样做，我们的产品分析报告才不会成为单纯的 PPT 文件。

除此之外，还有一些技巧能帮助我们把产品分析报告做得更生动。

5.2.1　图表比文字更直观

让我们看一看下面两张图片（图 5-8 ）。

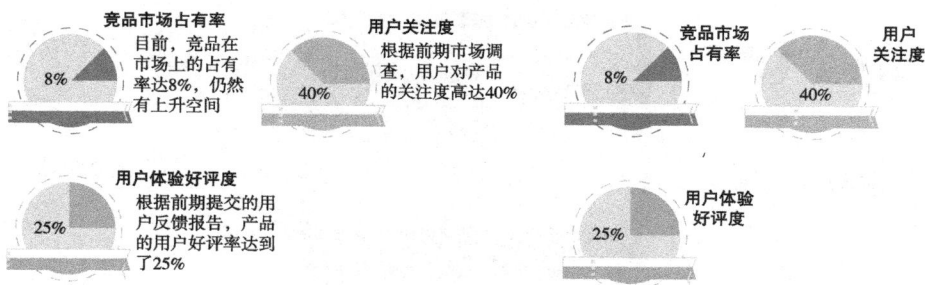

图 5-8　图表对比

很明显，右图比左图更加清晰明了，更容易让人一目了然。

那怎么才能做出更清晰、更简洁、更吸引人的产品分析报告呢?

（1）图片、文字搭配要合理。在写产品分析报告的时候，不管是文字还是图表，这些都是为主题服务的工具。为了让我们的 PPT 看上去更符合人们的视觉习惯，可以统一图片、文字的色系（图 5-9）。

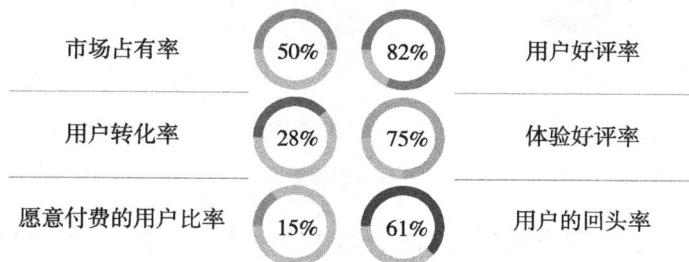

图 5-9　图文搭配合理

（2）文字要精简。我们的产品分析报告不是小说，更不是演讲稿，我们需要的是一语中的，言简意赅。因此，文字一定要精简（图 5-10）。

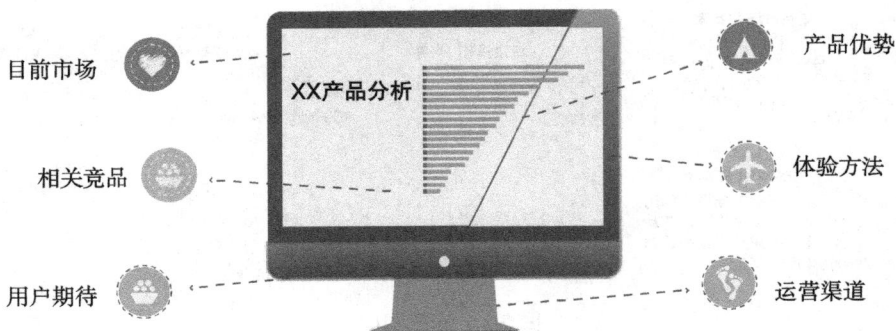

图 5-10　文字精简

（3）突出重点。产品分析报告也有优先级，我们想让对方更注意哪些信息，就可以利用文字的大小、图表的颜色等来突出重点（图 5-11）。

图 5-11　突出重点

（4）另外，产品分析报告如果做成 PPT 的话，一定要注意美观。漂亮的排版能帮你的报告更好地吸引别人的注意力。

5.2.2　用事实说话更有说服力

在产品分析报告中一定要用事实说话。简单来说，就是在产品发展的各个阶段，都提供相应的依据来证明产品各阶段的可行性。

一般的产品分析报告需要包括市场数据、竞品数据、产品数据，产品经理应当对这些数据进行精心统计和分析。只有经过处理的数据，才能出现在我们的产品分析报告里。

另外，还有以下几点注意事项，具体如图 5-12 所示。

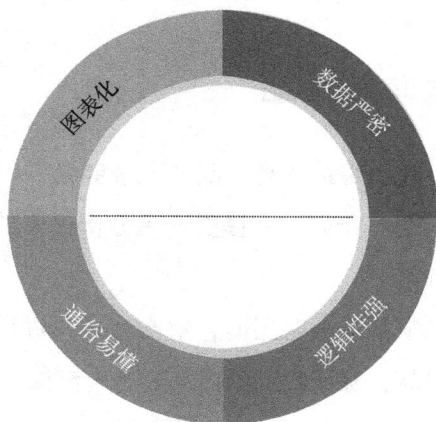

图 5-12　产品分析报告的注意事项

（1）数据严密。

产品分析报告应尽力避免出现猜测性的结论，太主观的东西会丧失说服力。出现在产品分析报告中的结论、观点，一定要基于严密的数据推导、分析。另外，我们的数据来源必须要可靠。

（2）逻辑性强。

整个产品分析报告最好采用以下流程：发现问题——总结原因——解决问题。逻辑性强的产品分析报告更容易被他人接受。

（3）图表化。

相较于纯文字来说，图表能帮助人们更形象、更直观地看清楚问题和结论。同时，图表也能更清晰地反映数据动态走势。不过，这并不代表图表越多越好，否则同样会让人产生视觉疲劳。

（4）通俗易懂。

很多产品经理喜欢在产品分析报告中添加大量的专业词汇，或者喜欢用很华丽的辞藻修饰，其实不必画蛇添足。我们的产品分析报告最重要的是实用性，需要一针见血的总结，让阅读者一目了然才是最重要的。

5.2.3　建议方案随时跟进

作为产品经理，我们是最了解产品的人，能第一时间发现产品已经出现或者将要出现的问题。所以，在提交产品分析报告的时候，我们必须跟进这些问题的解决方案。

这些解决方案必须基于战略层面，对产品方向进行深入思考，并分析产品的模式有无替代品，确保我们的产品更符合潮流、发展趋势。

这方面比较典型的案例就是 eBay 搜索结果中的图片。

在 eBay 刚创办的那个年代，网络信息存储是需要花费大价钱的。所以，当用户使用商品并上传图片时，需要向 eBay 支付一定的费用。

但是这种情况随着互联网的飞速发展很快就被颠覆了。存储技术越来越成熟，再让用户为上传照片付费就显得太荒谬了。但是 eBay 非常为难，因为存储收费是 eBay 一笔很大的收入，要放弃也着实肉痛。

面对这样的情况，eBay 的产品经理给出了解决方案。在进行详细调查后，他们发现所搜结果中默认显示图片可以招来更多的用户，最终他们决定放弃这笔收入。

5.3 如何收集竞争对手的有效信息

产品经理之所以需要进行竞品分析，原因有三：第一，可以快速了解市场发展趋势，并根据已有的竞争产品找到市场的切入点；第二，可以通过竞品快速了解对手，知己知彼，才能在竞争中占据优势；第三，可以通过竞品对用户需求有更深入的了解，并从侧面掌握用户使用产品的习惯。

明确了竞品分析的重要性后，我们便可以选择竞品了。

竞品需要满足两个基本条件：第一，竞品和我们的产品的核心用户是同一群体；第二，我们的产品和竞品所满足的用户需求相仿。

选定竞品后，就可以具体分析了。一般来说，我们可以从以下几点分析竞品。

第一，分析它们的市场地位。可以从市场份额、下载量、用户数量等多个角度分析产品在当前行业中处于什么位置，当前的标杆产品是什么，而自己距离标杆又有多远。

第二，分析产品背景。产品都是有基因的，不同公司的产品也不相同。即便是同质化的产品，有的成功了，有的却失败了。所以，注意观察竞品的成长"背景"也很重要。

第三，分析它们的逻辑框架。

第四，分析它们的设计和用户的使用习惯。

第五，分析它们的功能和用户的具体需求。

我们应该收集的竞品信息主要包括产品信息（迭代的时间、上架的时间、核心功能变更等）、渠道信息（渠道市场占据的份额、新增渠道等）、运营信息（推广的手段、推广的成效等）、市场信息（核心用户的变动、用户需求的变动等）等。

明确了这些之后，就可以进行数据收集了。

5.3.1 数据收集法

有关竞争对手的信息，我们必须时刻关注。尤其在出现如图 5-13 所示的两种情况时，我们更要加大关注和收集的力度。

图 5-13 加大竞品观察力度的两种情况

第一，我们的产品准备开发新功能的阶段。在这个阶段，我们必须密切观察竞品，并从中找到灵感、用户需求点等关键的因素。

第二，当市场出现突发事件或现象级的产品时，我们必须收集竞品信息，便于抢占市场和用户。

一般来说，我们常用的收集竞品信息的工具有以下几种，具体如图 5-14 所示。

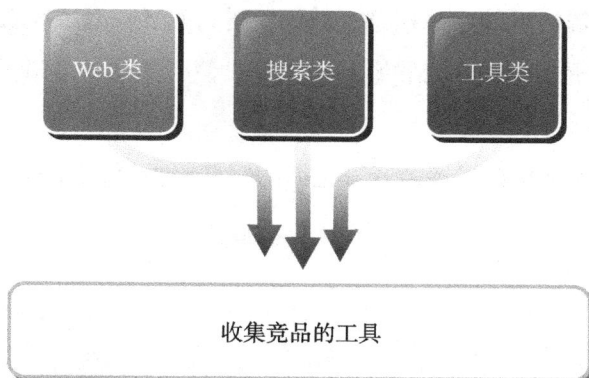

图 5-14　收集竞品信息的工具

（1）Web 类。

可以利用百度新闻、搜狗新闻等，订阅对手的产品为关键词，定期整理相关信息。

另外，还可以关注各种指数分析，如百度指数、新浪微指数、淘宝指数等，随时查看市场动态。

（2）搜索类。

可以利用各种搜索引擎，比如百度搜索、搜狗搜索、有道搜索等，定期查看竞品的具体状态。

（3）工具类。

可以利用各种行业分析网站、行业资讯类网站以及各种排行榜。另外，还有各种社区，比如知乎、贴吧等。

通过这些工具，我们就可以大概地完成数据收集工作。

5.3.2　跟踪监测法

对于产品经理来说，收集竞品信息是一个持续、渐进的过程。我们必须每天都要掌握同行的产品信息，并不断进行对比，观察竞品前进或退步的情况，并分析其中的原因和影响因素等，使产品能够规避风险、提升竞争力。

产品经理应该从哪里持续获得竞品的信息？主要有图 5-15 所示的四种渠道。

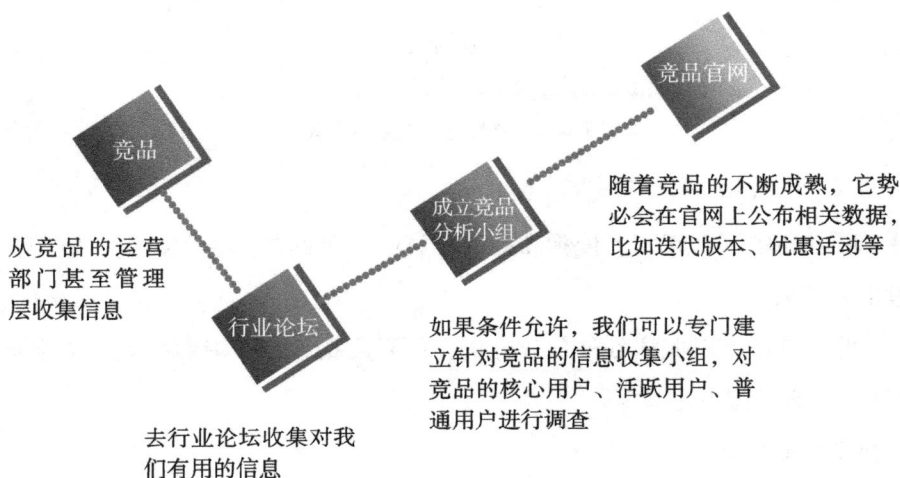

图 5-15　持续收集竞品信息的渠道

（1）从竞品的运营部门甚至管理层收集信息。

（2）去行业论坛收集对我们有用的信息。

（3）如果条件允许，我们可以专门建立针对竞品的信息收集小组，对竞品的核心用户、活跃用户、普通用户进行调查。

（4）随着竞品的发展成熟，它势必会在官网以及各种门户网站上展示自己的相关数据，比如迭代版本、优惠活动甚至季度财报等，这些都有利于我们对其进行了解。

要注意，这些数据是粗糙的，不能直接为我们所用。我们需要对其进行梳理和分析，从中找到真正有价值的信息。

在这些数据中，产品经理需要对以下几项重点关注，具体如图 5-16
所示。

图 5-16　重点关注的竞品数据

（1）关注竞品的技术、产品以及运营团队的规模和产品在行业内的影
响力。

（2）关注竞品的盈利数据，并从其资金投入的多少判断出哪个产品才
是竞争对手的拳头产品。

（3）关注竞品的用户覆盖率。

（4）关注我们的产品和竞品之间的区别及相同之处。

5.3.3　委托咨询法

我们先来了解一项名为斑马精准 Track 行踪定向的服务（图 5-17）。

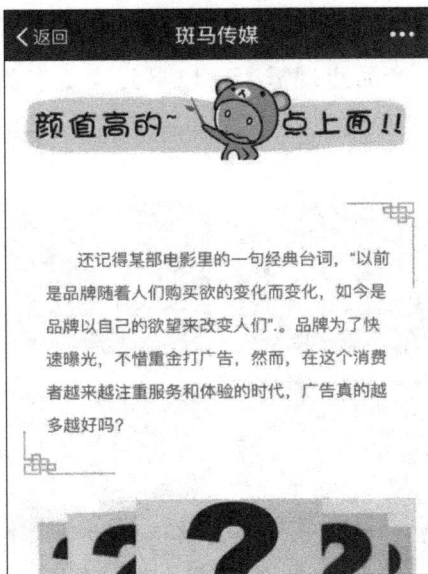

图 5-17 斑马传媒

斑马传媒推出的精准 Track 行踪定向服务可以看作是"追踪仪"，它以某一代表性的网址为原点，追踪网址用户的浏览踪迹。

根据用户的浏览踪迹，就能很容易地统计出用户集中浏览的网址，以及对同一网址的浏览频次，从而能很轻易地找到用户的需求、竞品的相关信息等。

从这项受欢迎的服务中我们可以得出这样的结论——产品经理收集竞品信息，要注意信息以下几大特性，具体如图 5-18 所示。

（1）及时性。

对产品经理而言，及时收集竞品信息非常重要。不管是竞争对手新推出的产品，或者是新改变的功能，都要第一时间获悉。只有及时地获得竞争对手的信息，才能保证信息有被我们利用的价值。

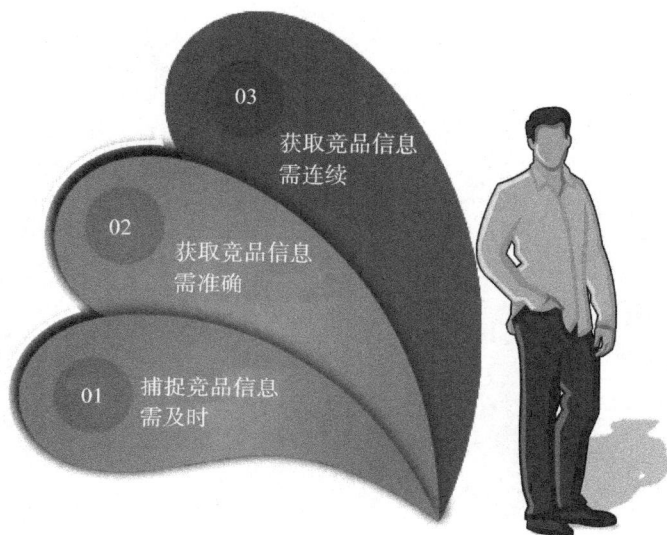

图 5-18　获取竞品信息的注意事项

（2）准确性。

如果收集的竞品信息出现了错误，将直接影响我们对竞品的分析。所以，保证信息的准确性至关重要。

（3）连续性。

在互联网时代，产品需要和用户建立持续的关系，这就决定了我们收集竞争对手信息也要注意连续性。

目前，市场上有很多专门提供竞品信息的服务商。他们一般设有专门的信息收集系统，安排专门的人才收集信息。他们提供的信息并不是简单的数据，在提交给用户之前，他们会对收集到的数据进行专业的分析。

第 6 章

从菜鸟到高手，进入产品开发阶段

产品开发阶段指的是产品从提出概念到最终面世的过程，而产品经理的作用贯穿于整个产品开发阶段。

在产品开发前，产品经理需要明确产品开发具体方案，并和各个部门、团队进行协调沟通；在产品开发过程中，产品经理必须全程跟进，以便随时解决各种突发问题；在产品开发完成后，产品经理需要继续跟进，保证开发出的产品能正常运营。

6.1 产品还在"娘胎"里，品牌就要制定好

请产品经理回答下面的问题：

如何让用户找到我们？

如何打动我们的潜在用户，令他们主动说出"我喜欢这个产品"？

如何让用户心甘情愿地为我们的产品买单？

如何让我们的产品变得"无法取代"？

如何让用户自觉传播我们的产品？

如何让我们的产品影响尽可能多的人？

看到这里，会有产品经理哀叹："这几乎是不可能完成的任务！"

事实上，只需要做一件事就能完美解决以上六个至关重要的问题。

那就是确定品牌。

在互联网时代，产品经理的思维绝对不能局限在"卖东西"上。我们和用户的关系，并不是随着用户使用或者购买了我们的产品结束。恰恰相

反，这个时候我们和用户的关系才刚刚确立。我们必须通过产品这个媒介，和用户在一定时间、范围内形成持续的互动。

换言之，做出一款受欢迎的产品只是第一步，而打造独一无二的品牌才是我们长久的目标。

坚果品牌"三只松鼠"，仅仅用了四年时间就卖出了59亿元的坚果。之所以取得如此骄人的成绩，不仅因为其优秀的团队，还在于其独特的品牌。

在"三只松鼠"上线之前，章燎原很为品牌的名称发愁，最终他选择了萌萌的小松鼠，因为他认为几乎没有人会讨厌这种可爱的小动物。加之"三只小猪""三个火枪手"都家喻户晓，他决定干脆将品牌定名为"三只松鼠"。

为了让"三只松鼠"给用户留下深刻的印象，章燎原决定让员工用松鼠的口吻和用户交流，称用户为"主人"不说，还要和用户撒娇（图6-1）。

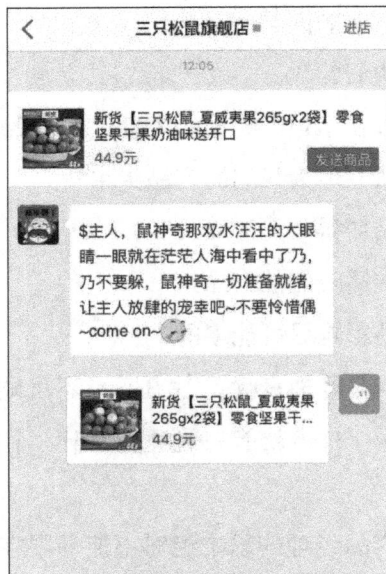

图6-1 "三只松鼠"客服人员对客户"撒娇卖萌"

这种特殊的方法让"三只松鼠"迅速从众多商家中脱颖而出。当你在天猫商城购物的时候，叫"亲"的你也许记不住是哪家，但是叫"主人"的肯定是"三只松鼠"。

我们可以从"三只松鼠"的案例中学到什么？

6.1.1 软性思维，让品牌更富创意

互联网时代，用户具有新的特点，具体如图 6-2 所示。

01 个性化	02 独立化	03 理性化	04 新潮化	05 品位化
追求独特	更相信自己的判断	擅长理性分析	乐于追求新鲜事物	对产品的服务以及质量要求越来越高

图 6-2 互联网时代用户的新特点

（1）个性化，追求独特。

（2）独立化，更相信自己的判断。

（3）理性化，擅长理性分析。

（4）新潮化，乐于追求新鲜事物。

（5）品位化，对产品的服务以及质量要求越来越高。

根据用户的这些新特点，我们在创建品牌的时候最好要用软性思维思考。软性思维是相对于硬性思维来说的，硬性思维偏爱逻辑，强调规范、

次序，但忽视了个性、情感以及价值；软性思维有效地弥补了这个不足，它更多依赖直觉、联想、想象等。

用软性思维来思考，能让我们的品牌变得更加富有创意。这样做可以打造品牌独有的个性，能够更好地吸引目标消费群体。

王尔德说："当人以自己的身份说话的时候，便越不是自己。给他一个面具，他便会告诉你事实。"这也是当下很多人的追求，遗憾的是，越来越开放的社交软件压缩了人们这种追求的空间。

这个时候，Friends Incognito 面世了。和传统社交软件不一样，它更强调匿名交流。

我们可以把它看成是一个 BBS，用户可以在这里肆无忌惮地对某个话题发表评论。因为话题可能更真实、露骨的缘故，所以评论内容的来源是完全保密的。

依托这种反其道而行之的软性思维，Friends Incognito 很快打开了局面，成为很多人的"新宠"。在大家的使用过程之中，这个品牌得到了扩散和推广。

6.1.2　内容至上，赋予品牌灵魂

没有内容的品牌不是品牌，只能算是一个 Logo。

在互联网时代，内容的质量决定了一款产品是否能生存下去。只有好听的品牌名称、好看的品牌设计是留不住用户的。只有内容才能聚焦用户，才能让品牌富有生命力。

让我们看看语音通话 App "有信电话"（图 6-3）是如何做的。

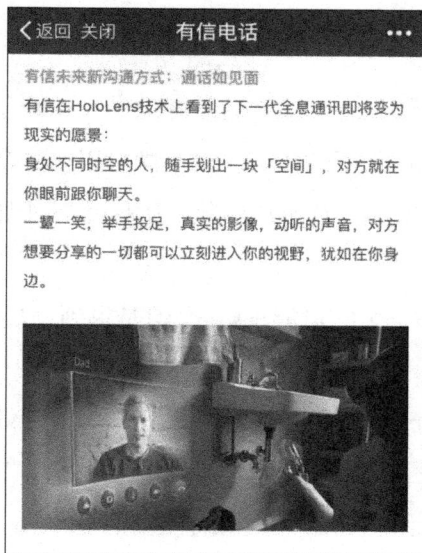

图 6-3 "有信电话"界面

2014 年，BigData 数据中心发布的一组数据显示，截至 2014 年 11 月 18 日，主流语音通话 App 中，"有信电话"的下载量遥遥领先。

作为一款基于通讯录的免费电话软件，"有信"支持用户间免费语音通话。

但免费通话并不是"有信"的全部，它还提供通讯录备份、智能搜索、好友间语音对讲、文字以及表情聊天等服务。

不仅如此，"有信"还有一些贴心的小设计。比如在非 Wi-Fi 状态下，设定回拨依然能使用免费电话；一键注册，让用户使用更加便捷等。

这些丰富、实用、便捷、免费的服务功能，迅速帮助"有信"稳固了品牌，并树立了不错的口碑。

6.1.3 注重体验，让品牌与时俱进

相比初出茅庐的新品牌，那些老品牌凭借长期积累的高辨识度，更容易被用户所接受。但这并不意味着，老品牌可以坐在功劳簿上吃老本。想要巩固品牌影响力，就要注意用户体验，让品牌与时俱进。"Pokemon Go"就是这样做的。

提到"Pokemon Go"大家可能很陌生，但是提到"口袋妖怪""神奇宝贝"，大家就很熟悉了。

这款早在20世纪90年代就面世的游戏，凭借精妙的游戏设计以及可爱的精灵造型成为任天堂的代表作。为了巩固品牌，"Pokemon Go"每一两年都会推出一款新作，这让它的人气一直有增无减。

而近日推出的最新款"Pokemon Go"再次风靡世界。SimilarWeb发布的研究报告显示，玩家每天花在这款应用上的时间将近44分钟，远超WhatsApp以及Facebook。即便中国地区还没有上线，它也在微博上获取了近3亿的话题阅读量。

"Pokemon Go"能成功，不仅因为它承载了玩家怀旧的情怀，更因为它的不断创新。它将AR（增强现实）技术和宠物小精灵的角色设定结合起来，用户打开谷歌地图和定位功能之后，游戏就会在摄像头实时拍摄的画面中叠加出小精灵，需要用户四处走动才能获取，有时孵化"Poke"蛋甚至需要走几公里的路程，不仅能游戏还能健身。

除此之外，"Pokemon Go"的社交潜力也是巨大的，比如用户可以将固定地点设为"PokeStop"，那么在有效期内，很多用户都可以享受增益。

这种基于LBS的移动互联网游戏，让线上虚拟场景和线下地理场所结合起来，达到了让用户顺畅社交的目的。

凭借着与时俱进的设计，"Pokemon Go"品牌的识别度和美誉度越来越高，用户的满意度和忠诚度也都有所提高。

6.2 高仿真的产品模型

一般来说，产品经理都会从成本、时间、周期、用户、竞争对手、预期这些方面对产品进行分析。这些切入点都很正确，但过于细节化。有没有更方便、更系统的产品分析方法呢？

答案是有，那就是高仿真的产品模型。

在传统行业，产品模型指的是仿照产品的外形、颜色、形状等，通过特殊方法做成的与实际产品几乎一模一样的模型。

但是在互联网时代，产品模型有了新的内涵——那就是从创意开始，到产品架构再到运营体系等，都要一一还原。

高仿真的产品模型，有利于产品经理更好地把握产品，保障产品生产速度和产品品质。

那么高仿真的产品模型需要包含哪几个方面呢？

6.2.1 让创意落地

一个好的创意能成就一款产品，所以让创意落地是开发产品过程的一个关键点。

实现创意落地，必须满足以下四个条件，具体如图 6-4 所示。

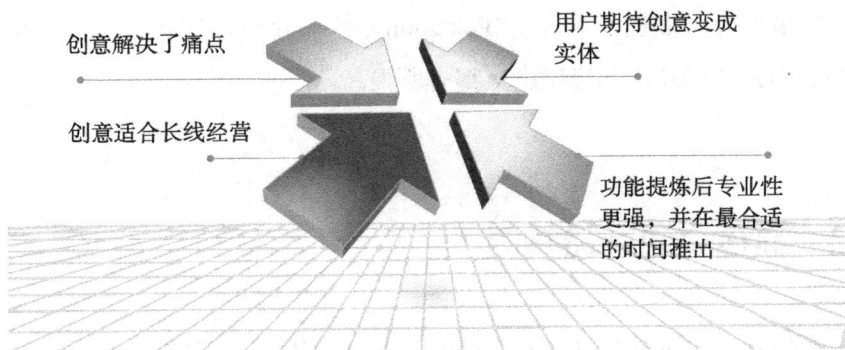

图 6-4　创意落地需要满足的条件

（1）创意解决了痛点，能让用户的生活、工作等变得更加便捷。

（2）该创意适合长线经营。

（3）用户期待你的创意变成产品。

（4）创意落实到产品，功能经过提炼后专业性更强，并在最合适的时间推出。

只有满足这四个条件，才能让创意顺利落地。让我们来看看 Moleskine 笔记本是如何做的。

Moleskine 是一个传奇的笔记本品牌，其独特的设计和高贵的格调吸引了无数用户。但是进入到互联网时代后，出现了越来越多的智能化应用和服务，Moleskine 开始失势。

面对这样的情况，Moleskine 推出了智能书写套件：由一支"Pen+"的智能笔、一本"Paper Tablet"笔记本和一款移动 App 组成。

这套智能书写套件，做到了纸质和数字笔记的无缝对接。你可以随心所欲地在 Moleskine 上信手涂鸦，你的涂鸦可以生成数字化版本。

这套智能书写工具一经推出，就受到了很多手写"发烧友"的热爱。

在有些人看来，在平板以及各种笔记应用流行的今天，这种智能书写套件似乎没有存在的必要。事实并非如此，科技和书写并非在一个对立面，某些时候科技甚至能让书写获得新生。

很多"发烧友"都追求手写的流畅，这个产品就解决了他们的痛点。智能书写套件功能简洁，能让用户有非常棒的体验，并且它推出的时间很巧妙，恰逢微软、苹果以及三星等都要推出手写笔功能之时，也算是占尽天时了。

6.2.2 检验产品目标

一款产品优劣与否不应该由产品量级、市场份额来判断，而应该由产品目标的实现程度来判断。

比如，修身的衣服和加肥加大的衣服，我们无从判断孰优孰劣，因为修身的衣服受到时尚用户的喜爱，而加肥加大的衣服也能在身材高大的人群中卖到脱销。

换而言之，检验产品目标的唯一标准在于是否满足用户需求。

对于产品经理而言，你想通过这个产品得到什么？或者说，用户想从产品中获得什么？这就是我们产品的目标。

就拿 Bios incube 来说吧，这种智能骨灰坛让人们换了一种"入土为安"的方式，逝去的人可以化为一棵树，守护在亲人身旁。

这款产品的结构并不复杂，它分为上下两层，下面的容器安放骨灰，上面是培育树种的土壤胶囊。用户只需要将选择好的树种放入土壤中，精心护理后便可以获取一棵代表新生的树苗。等到树苗长得足够大，便可以将整个智能骨灰坛移植到花园中，其外壳会迅速降解，让逝去的人融入大自然的生态循环中。

如果我们是产品经理，在这款产品开发的阶段，我们就能判断出它是否实现了我们的产品目标：从个人精神（追求另外一种形式的"永生"）、宏观的社会学和经济学（大大节约了丧葬成本）、环保事业来说，这款智能骨灰坛都能实现预期的目标。

当然，也正是因为如此，这款智能骨灰坛受到很多人的好评。

6.2.3　发展运营体系

在构建产品模型的时候，还必须充分考虑运营方面的因素，具体如图 6-5 所示。

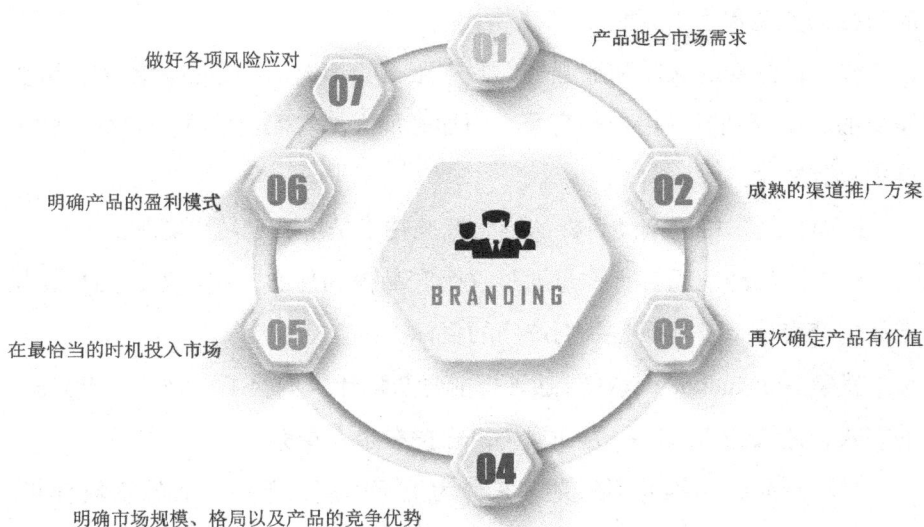

图 6-5　需要考虑的运营因素

（1）必须明确你是否真的了解产品需要应对的市场环境。

（2）必须有成熟的渠道推广方案。

（3）再次确定自己的创意具有价值。

（4）明确目标市场的规模、格局以及竞争优势。

（5）选择最恰当的时机投入市场。

（6）明确产品的盈利模式。

（7）做好各项风险应对。

2011年对团购行业而言是大洗牌的一年。为数众多的团购网站倒下了，"美团"却异军突起（图6-6）。2011年之前，"美团"在团购行业的排名尚进不去前三，而2011年年底，它已经成为行业第一。

图 6-6 "美团"界面

用公司副总裁王慧文的话说，团购行业当时正处于萌芽期，所有团购网站都还不具备可持续的竞争力，都有经营上的短板。"美团"的成功就在于对手短板太多，而自身相对健全一点。

"美团"很早就提出了"三高三低"的运营策略——高品质、低价格，高效率、低成本，高科技、低毛利，并从一开始就注重 IT 系统的建设。

"美团"的成功，充分说明了运营是多么的重要。

6.3　利用测试环节，跟进需求实现

产品测试是有效提升产品品质的一个手段。通过产品测试，产品经理能够及时发现产品在功能、流程、设计、界面等方面的问题。

简单地说，产品经理要通过产品测试解决以下三个问题。

第一个问题：产品漏洞在哪里？

第二个问题：产品漏洞是什么？

第三个问题：如何解决产品漏洞？

这里存在一个优先级的问题，我们最迫切要做的是找到漏洞。但是很多产品经理本末倒置，他们更愿意花费时间和精力思考如何优化产品方案，而不是将视线聚焦在发现产品漏洞上，这种错误的工作方法直接导致产品测试的效果大打折扣。

之所以会出现这样的情况，原因有二：

第一，产品本身是不完美的。可以说，没有一款产品是完美的，我们看到的功能比较完善和成熟的产品，都是通过一步步迭代演变而来的。如果产品经理在产品开发阶段就想规避所有的问题，几乎是不可能的。

第二，如果我们总是在思考优化，说明我们还是在用策划的思维思考问题。但是我们必须要用产品经理的思维思考——找到用户使用中的 bug，进而优化我们的产品。这里存在一个优先级的关系，大家需要注意。

6.3.1 测试时间，从产品研发时开始

产品经理必须认识到一点，产品测试的时间应该从产品研发的时候开始。最好的方法是将产品开发细分为一个个的小阶段，每启动一个小阶段的时候，就针对这个小阶段进行测试，最终通过创建一个产品模型来结束这个阶段。通过一个又一个的阶段测试，我们便可以验证我们的开发方向正确与否了。

让我们来看看"神偷"是怎么做的（图 6-7）。

图 6-7 "神偷"界面

"神偷"是 ZeptoLab 推出的一款游戏。这款游戏从 2015 年 2 月份上架以来，下载量非常可观。但是我们今天看到的"神偷"并非最初的样子，而是经过大量改动之后的"改造品"。

这款游戏早期版本难度太大，研发团队担心会影响下载量，因此将游戏关卡减少 4 成。

随即，研发团队又发现，手游用户比较"懒"，他们不愿意使用完整的编辑工具，因此"神偷"又改动了生成内容页面。

接下来的测试让"神偷"的研发人员心凉——首日留存率仅有 26%。为了提高留存率，"神偷"又更改了最初的菜单设计。

可是，测试用户不愿意为游戏"花钱"，所以研发团队不得不尝试提升内购道具价格，但是用户的反应比较激烈——游戏在应用商店的评分下降了两颗星。

幸运的是，此时的"神偷"还处于测试期，还有弥补的机会。研发团队赶紧将内购道具恢复到原来的价格，同时在游戏中添加了联盟功能。

用 Yailenk 的话说："如果产品的首个版本一点都不让你觉得尴尬，那么你推出产品就已经太晚了。"由此足以看出产品测试越早越好。

6.3.2　测试主体应该是真正的用户

国外某公司推出一款软件，在公司内部测试反响很好。但是面世后，市场反应却很冷淡。后来，该公司的产品经理特别请来十几位家庭主妇（目标用户），她们使用后提出了各种各样的问题，并认为这款产品不好用。

后来，公司根据这些家庭主妇的意见调整了相关功能，这款经过"整容"的产品面市后市场反响非常好。

为什么会这样？

因为我们测试的主体必须是真正的用户。换句话说，我们的测试必须从用户的角度出发，而不是从专业的研发人员或者是产品经理的角度。否则的话，我们得到的测试结果很可能会不准确。

看看手机游戏"全民超神"（图 6-8）是如何做的。

图 6-8 "全民超神"游戏界面

"全民超神"是腾讯首款 5V5 实时 MOBA 电竞游戏，它的英雄设定很吸引人眼球——沿用了比较火的游戏"英雄联盟"的英雄设定。

不仅如此，它还融入了英雄成长元素，并设计了非常有意思的玩法，比如"3V3 大乱斗""5V5 MOBA"等实时竞技模式。

腾讯对这款游戏进行了不封档内测，这是一举两得的事情。不仅能通过保留内部测试玩家的游戏资料来提升游戏人气，还能面向真正的用户进行测试，来获取游戏的相关数据，及时发现错误和漏洞。

6.3.3 测试内容不只是可用性

可行性测试是改善产品的最佳方式，这几乎是每一个产品经理的共识。可用性测试简单来说就是观察用户使用产品的过程，找出我们产品的不足，从而增强我们产品的可用性。

可是很多产品经理的目光都只聚集在可用性上，却往往忽视了细节。

我们来看看帮宝适是如何在当初的"尿布大战"中胜出的（图 6-9）。

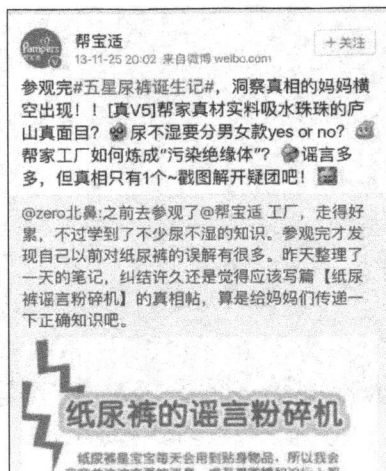

图 6-9　帮宝适微博

为了生产出更好的尿布，大多数纸尿裤厂家都将目光聚焦在"吸水性强"上。没错，想要提升尿不湿的可用性，"吸水性强"必不可少。

但是，他们却忽略了一个细节：为了增加"吸水性"，尿不湿变得越来越厚重，宝宝戴着并不舒适；另外，虽然"吸水性强"，但是妈妈却不知道什么时候该换尿不湿。

面对这样的情况，帮宝适及时针对细节做出调整：他们在尿不湿上使用了湿度显示计，能让妈妈明确什么时候换尿不湿是最合适的。

凭借着对细节的把握，帮宝适迅速甩开了竞争对手。

可见，在产品日益同质化的今天，想要从竞品中脱颖而出，就少不了对细节的挖掘。

6.3.4　测试过程需要我们的引导

作为产品经理，我们肯定会遇到用户需求和产品设计出现冲突的情况。

面对这样的情况，我们有时候不必"忍痛割爱"割舍一方，可以在测试过程中对用户加以引导，来培养用户的使用习惯，让用户需求和产品设计达到平衡。

测试过程中的引导需要注意以下几点，具体如图 6-10 所示。

图 6-10　引导用户的注意事项

（1）用提示的方式进行引导，避免用户反弹。

（2）用无形的方式进行引导，避免用户厌烦。

（3）用简单的方式进行引导，便于用户理解。

我们来看看微信是如何通过引导来培养用户习惯的。

微信朋友圈现在非常风靡。如果用户想发朋友圈，只需要点击一下页面上的相机按钮，便可以将照片导入朋友圈。同时，微信朋友圈还加入了长按相机按钮发布纯文字的功能。

最初，这个功能显示的是测试功能。当用户使用的时候，会收到相关提醒："（纯文字的朋友圈）为内部测试功能，后续版本可能取消。"

当微信确信用户已经习惯了纯文字发布的功能，才取消了提醒。

6.4 做好三件事，让产品得以顺利开发

产品开发阶段，是产品从创意到落地的阶段。为了完成产品的顺利发布，产品经理需要对这个阶段进行持续性的跟进。

在产品开发之前，产品经理要做"梦想家"：在明确产品开发方案的前提下，召开相关的会议，让设计、技术、测试、运营等相关人员都到场，这样做的目的是为了让团队成员都明白产品的具体需求。

而在产品开发期间，产品经理就要做"管家婆"了。比如，技术人员和产品经理的思维有较大的偏差怎么办？随时待命，随时随地解决技术人员的困惑。与此同时，我们还要时不时地检查我们的产品，以确定产品功能得以实现，的确满足了用户需求。

等到产品稍具雏形的时候，产品经理便可以对产品进行测试了，测试产品是否满足了用户需求、是否有隐性的问题没有被解决、是否存在 bug 等，并迅速决定是马上对产品进行调整还是上线之后再迭代优化。

除了这些比较宏观的要求，还有以下几点需要注意。

6.4.1 第一件事，协调资源

产品开发是一个综合性的工作，需要各方面的配合。如果产品经理无法对资源进行优化、整合，那么势必会影响到产品的开发进度乃至产品的质量。这里所说的资源，不仅包括物质资源，同时也包括人力资源和时间资源。

现在人们下载音乐软件时，很多人都会选择"酷狗"（图 6-11）。

图 6-11　"酷狗"界面

　　"酷狗"还在"襁褓"中时，其产品经理就表示"酷狗"要为用户提供优秀的产品体验。

　　当有些音乐软件以提升音乐码率参数作为竞争优势的时候，"酷狗音乐"却认为这种方法不利于给用户最优的产品体验——受限于用户自身耳机、音响的质量，音质的好坏在实际播放的时候没有太大的区别。

　　"酷狗音乐"独辟蹊径，将用户的主观听感纳入了优化听歌体验的标准之中。经历了长时间的反复调试、模拟实验、产品对比，"酷狗音乐"推出了其全新的音乐体系——蝰蛇音效。

　　这个功能受到了用户的称赞，将近35%的用户在使用"酷狗音乐"的时候会选择长期保持打开这个功能。

　　这就是典型的协调资源，将资源倾斜到提升产品的品质上。协调资源得当，便可以打造出一款成功的产品；协调资源不得当，很容易影响产品的品质。

6.4.2　第二件事，明确产品路线

在产品开发前期，产品经理肯定对产品路线有一定的思考。走高端路线还是低端路线？走大众路线还是小众路线？这时的产品路线，与其说是路线不如说是定位。

明确产品路线好处很多。它不仅能有效指导产品的开发，同时还能帮助我们迅速找到市场切入点，有效避开与成熟竞品的竞争等。

让我们通过下面的案例，直观地看一下确定产品路线的重要性。

"豆瓣"（图 6-12）在创立之初便明确了产品发展路线——发现和你口味最像的人。而后，"豆瓣"的相关推广、运营等都围绕着这个产品路线展开。

图 6-12　"豆瓣"主界面

"豆瓣小站"就是个很好的例子。在"豆瓣小站"，用户可以经营一个小店铺、小组织或者建立兴趣圈子，它就像是迷你版的"豆瓣"，拥有论坛、相册、投票、日记等功能。

"豆瓣小站"的页面格局并不是固定的，用户可以通过自定义功能，拥有与众不同的页面背景。

通过"豆瓣小站"，用户可以很容易地找到和自己兴趣相仿的人。这正和"豆瓣"的产品路线非常契合——发现和你口味最像的人。

6.4.3 第三件事，确立产品衡量标准

如果你所在的公司要开发一款网络理财产品，那么这款理财产品需要符合以下几个标准，具体如图 6-13 所示。

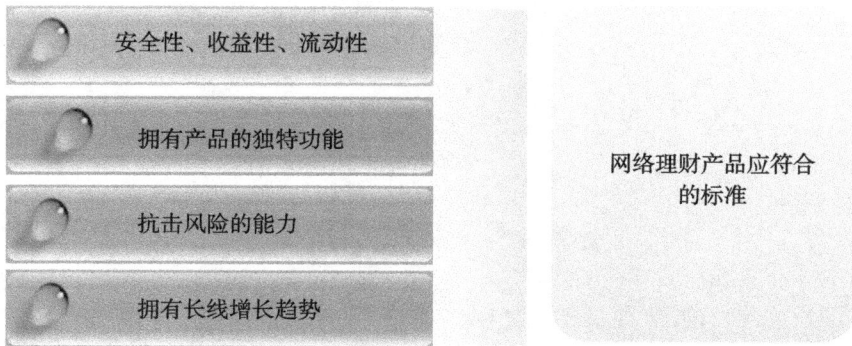

图 6-13 合格网络理财产品需满足的条件

（1）满足安全性、收益性、流动性要求。

（2）拥有"撒手锏"（区别于其他产品的独特功能）。

（3）拥有抗击风险的能力。

（4）拥有长线增长的趋势。

确立产品衡量标准是非常重要的，它决定了产品的基调。比如这款网络理财产品如果单纯以短时间获取最多收益为目的，可能在吸金的过程中就会忽视服务和品质；如果这款产品以长期、稳定、健康发展为衡量标准，它才会在品质和服务上下功夫。

第 7 章

这样做才能提升用户体验度

互联网时代提倡"用户至上",因此用户体验贯穿产品的整个发展过程。从产品的研发开始,到推广以及市场运营,都离不开用户体验的踪影。

注重用户体验,能为产品经理带来意想不到的好处。比如帮助产品经理发现产品功能、服务方面的不足,进而完善产品的功能和服务;便于打造差异化的产品优势,进而提升产品的竞争力等。

7.1 用户体验为何如此重要

某二手车网站斥巨资在某知名电视节目上打广告,在电视节目的大力宣传下,超高流量涌入到该网站来。

但是,超高的流量带来的却是网站服务器的崩溃,App 也出现打不开和延迟的现象,结果用户留存率并不高。为什么会出现这样的结果?很简单,这些情况严重影响了用户的体验。

所谓用户体验,简单来说就是用户在使用产品过程中的主观感受。当用户面临产品选择时(尤其是产品日益同质化的今天),很可能会无所适从。这个时候,用户做出的选择本身就是主观性的行为,肯定就会受到主观感受的影响。

另外,在互联网时代,用户的话语权越来越强。用户体验的好坏,直接影响到我们产品的口碑和运营。可以这样说,产品经理如果能把握用户体验,便掌握了产品成功的钥匙。

让我们看一看"搜狗"是如何优化用户体验的。

当我们打开"搜狗"搜索引擎，它会根据用户输入的内容来推测用户的搜索意愿，不仅能给出用户建议，还能自动帮用户补全搜索关键字。

比如，我们在搜索框中输入"歌舞青春"时，"搜狗"会帮你自动补全关键字，"歌舞青春1""歌舞青春中国版"等，不仅有趣，还能节约用户时间，非常方便（图7-1）。

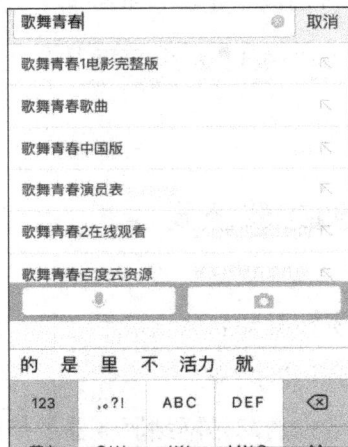

图 7-1 "搜狗"搜索界面

7.1.1 获取最真实的用户反馈

优化用户体验最重要的一条就是获取真实的用户反馈。只有这样，产品经理才能明白用户的真实感受，才能知道产品的真正问题在哪里，才能明白为什么用户要提出新的要求……

史玉柱在做"征途"游戏的时候，每天要花 2 个小时和真正的玩家一起玩游戏，每天要和大量真实的用户进行沟通。

同样的,"国美在线"(图 7-2)也非常注重收集用户反馈。

图 7-2 "国美在线"

"国美在线"有举办用户体验见面会的传统,参加见面会的用户非常有代表性,有"80后小夫妻""90后新锐青年""在校学生"等不同的消费群体。

在见面会中,"国美在线"会和用户就如何优化搜索引擎、支付环节、用户中心、客服、物流、售后等问题进行交流。

"国美在线"依托线下多年积累的供应链、物流、服务等资源,通过IT技术、网站运营、大数据等,从用户反馈出发,反向推进,为用户打造了一个无缝式购物圈。

"国美在线"的成功,和它同真正用户零距离沟通不无关系。要知道,只有聆听用户的心声,才能更好地改善用户体验,才能打造出用户真正需要的产品。

7.1.2 满足需求，我们要切入最核心

经常看到这样的情况：用户体验过产品后，给予产品经理相应的回馈，而产品经理收到回馈就立刻开始响应。

这个过程看似没什么问题，但其实缺少了思考。这些用户回馈中所提出的问题，是用户的核心需求吗？如果不是用户的核心需求，那么就是"伪需求"，即使满足了，也不会提升用户体验。所以，产品经理收到用户回馈后一定要仔细思考，找到最核心的问题。

让我们看看"阿里斯顿"是如何切入用户的核心需求，进而提升用户体验的。

进入智能化时代后，用户对电热水器也有了更高的要求。面对这样的情况，"阿里斯顿"从用户核心需求——智能化、节能化出发来优化用户体验。

"阿里斯顿"家族的智能 Wi-Fi 平板电脑热水器，凭借内置 Wi-Fi 物联智能设备，让用户利用手机 App 就能对家中的电热水器进行远程操控。

换言之，不管用户在哪里，只需要利用 App 就能控制家中热水器的开启和关闭，甚至能知道热水器的温度以及剩余加热时间。

节能也是用户的核心需求之一。对此，"阿里斯顿"创新应用了 ECO 节能模式，用户只需要通过手机 App 或者显示面板一键开启"ECO"键，便可以对热水器进行相关的节能管理。

"阿里斯顿"满足了用户的核心需求，用户体验自然就提升了，产品自然就好卖了。

7.1.3 注意用户体验的关键点

一辆豪华汽车和普通汽车拥有同样数量的车轮、座椅、门窗，但是它

却能在竞争中胜出，凭借的就是细节，比如加热真皮座椅、一键启动的引擎、自动泊车系统等。

同理，互联网时代的产品也要注意细节。

这里的细节包含两方面：第一，要对现有的市场进行细分；第二，注意微创新，把握细节，进而挖掘用户的个性化需求。

"猎豹浏览器"（图 7-3）在细节方面就做得很棒。

图 7-3 "猎豹浏览器"界面

"猎豹浏览器"手机版刚面世，就受到用户的广泛好评，因为它在细节方面下足了功夫。

"猎豹浏览器"基于 Chrome 内核做了 100 多项优化，还采用了独家网页缓存技术，达到瞬间启动的效果，满足了"急性子"用户的需求。

另外，"猎豹浏览器"重新设计了播放器，新的播放器不仅支持各种视频格式，而且还支持视频缓存，让用户在没有 Wi-Fi 的环境下也可以观看视频。

"猎豹浏览器"正是凭借这几点提升了用户体验，黏住了用户。

7.1.4　简单简化，用户最爱

一些产品经理总是从专业角度出发，以至于做出来的产品过于复杂，用户几乎没有体验的欲望。成功的互联网产品一般只是抓住用户的核心需求，专注于核心功能，而后逐步迭代。

其实用户都喜欢简化的产品，页面简单，流程简洁，往往能直接和易于传播画上等号。还有一点，如果我们能做到将 80% 不重要的功能砍掉，并集中力量发展 20% 的优势功能，有利于打造更有竞争力的产品，这对提升用户体验非常有助益。

"疯狂番茄"（图 7-4）就是这样一款简单、简洁的 App。

图 7-4　**"疯狂番茄"** App

"疯狂番茄"算是一款比较小众的软件，它的口号是"专注当下，告别拖延症"，简单地说，就是帮助用户在某一时段内专注于某一项工作，之后休息五分钟，连续四个番茄钟后可以休息得久一点。

"疯狂番茄"的页面非常简洁，即便是从未接触过，也能一目了然。另外，它的功能非常集中，没有多余、花哨的设计，是一款很实用的时间管理类 App。

7.2　迭代开发，做用户需要的产品

在互联网背景下，如果一款产品的迭代周期超过了三个月，那么它距离被用户遗忘也就不远了。

在快节奏的今天，通过迭代产品来适应市场以及用户的需求，是每一位产品经理必须思考的问题。

什么是迭代？迭代就是通过不断开发、优化功能和服务来提升用户体验，最终提高用户留存率的一个过程。

互联网时代是用户主权的时代，市场是由用户主导的。用户需要什么，我们才开发什么。在这个追求个性化的时代，用户的需求是不断变化的，只有通过产品迭代才能应对这种变化。

我们看一看微信是如何通过迭代保持社交软件龙头老大位置的。

微信在上市之初，优势并不明显，前有飞信虎视眈眈，后有米聊（图 7-5）穷追不舍，同类竞品高达 20 余种。

图 7-5 "米聊"界面

微信最初的版本只有最基本的功能，和米聊等语音聊天应用并没有什么区别。但随后微信重拳出击，通过迭代加入了 LBS（基于位置的社交）功能，比如"查看附近的人""摇一摇""扫二维码加好友"等，这些功能的添加，让微信迅速从同类软件中脱颖而出。

在接下来的迭代过程中，微信又推出了"朋友圈"来满足用户的分享欲望；添加了大量基于微信的小游戏，又满足了用户"攀比"的欲望；当用户量达到一定程度时，微信又重磅出击，以"红包"为引，推出了"微信支付"……

通过快速的迭代，加之精心打造的每一个细节，微信最终成就辉煌。

看到这里，有的产品经理会武断地得出结论：原来迭代就是不断地添加功能。事实并非这么简单，下面简单介绍一些迭代过程中的误区。

（1）迭代就是不断地增加功能。恰恰相反，产品首先要做的是做好核心功能，设计要简单简洁。

（2）迭代就是根据用户反馈不断进行改善。用户反馈并不能完全和用户需求画上等号，我们必须对用户反馈进行分析，从中发掘出真正的用户需求。另外，用户需求和产品设计有时也会出现冲突，产品经理要学会做"减法"。

（3）每发现一个新鲜的创意，都迫不及待地添加到产品中去。这是万万不可取的，作为产品经理，最好用数据说话，同时还要注意还原用户使用场景。

接下来，我们看看如何用互联网思维进行产品迭代。

7.2.1 一个中心，狠抓一个需求

人无完人，也没有任何一款产品能满足所有用户的需求。

生命力顽强的产品的成长过程都是类似的：在前期，它们大多对着一个点发力，站稳脚跟之后再快速迭代，让用户每一次使用都能发现惊喜。

"当当读书"（图 7-6）就是这样做的。

图 7-6 "当当读书"界面

"当当读书"的早期版本，主要满足用户的一个基本需求——电子书阅读，功能也是围绕着提升用户阅读体验展开的。

随即，"当当读书"进行了迭代，在 4.0 版本添加了"免费借阅"功能——即用户可以在限定的时间内免费看书。同时，增加了 LBS"偷书"功能，通过地理定位的方式查看附近人的书架，还能进入"TA"的书架，看"TA"的藏书，遇到实在喜欢的书籍还能"偷走"，放到自己的书架上。另外，在这个版本，还首次提出了"读书分男女"，对性别不同的用户进行有针对性的个性化推荐。

接着，"当当读书"又在 5.0 版本中增加了频道、书吧、赠书、社交聊天等互动版块以及购买纸质书的功能。

通过"当当读书"的几次迭代我们发现，它最初切入一个点——满足人们电子阅读的需求，接下来的迭代也未改初衷，不过是大大提升了电子阅读的用户体验而已。

7.2.2　小步快跑，快速迭代

最适合迭代的大多是互联网产品，用户更换成本小，产品的开发和运营成本也不高。

有的产品则相反，开发、生产、渠道以及营销成本都非常高昂，这样的产品就不适合快速地迭代。比如手机，我们无法想象某款手机一年之内连续发布十几个版本的情况。所以，不要盲目地为了迭代而迭代。

而互联网产品为了抢占先机，很多产品在满足用户核心需求之后便开始上线。这时，用户的其他需求并不是被放弃了，而是延缓了。

当我们的产品已经站稳脚跟的时候，就能通过快速迭代、小步快跑的方式达到"无快不破"的境界。在这方面，"有赞微商城"（原口袋通）就很值得我们学习（图 7-7）。

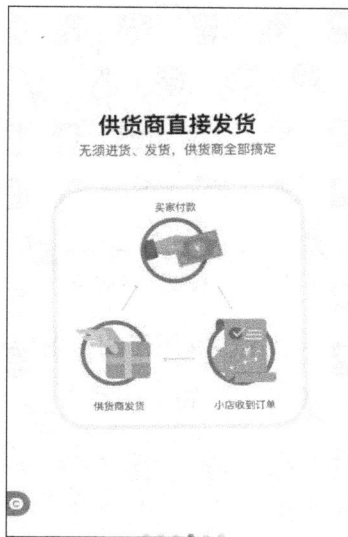

图 7-7　"有赞微商城"界面

　　2015 年 9 月 1 日，"有赞微商城"进行了改版。改版后的"有赞微商城"注册起来更加方便。不仅如此，"有赞微商城"还对数据中心进行了优化。另外，店铺导航还新增加了购物车功能。

　　这不是"有赞微商城"第一次改版了，通过快速迭代，"有赞微商城"让用户的体验越来越好，不仅功能齐全，而且营销工具和功能都开始完善，而"有赞微商城"也因此获得了越来越多用户的青睐。

7.2.3　学会减法，助力迭代

　　互联网产品一定要和"高大全"说"不"，产品经理要勤对产品做减法。那么如何减才能达到最佳效果？主要有如图 7-8 所示的两种做法。

图 7-8　做减法的方法

（1）测试法。互联网产品大多利用了用户的碎片化时间。人们使用互联网产品的场景，经常是在车上、路上、沙发上……这样的空间和时间，决定了我们的产品要简洁。

所以，产品经理需要测试一下，产品的哪些功能能适应这些场景，至于不能适应的，就可以减掉了。

（2）优先法。当我们面临一大堆功能无法取舍的时候，我们可以从中选取最优先、最重要的功能，然后在保留这些功能的基础上砍掉那些不重要的功能。

通过做减法来砍掉无关紧要的功能，相当于在小步快跑的过程中不断矫正跑步姿势，可以让我们跑得更快、更远。

7.3　引导用户体验，轻松黏住用户

引导用户体验是非常有必要的，因为用户往往并不清楚自己的真正需要，也不能清晰地描述自己的需求。打个比方，一个体重严重超标且有"三高"的肥胖人士，他描述出的需求很有可能是一块香喷喷的红烧肉，而事实上他真正需要的是健康和减肥，这时，产品经理就要把红烧肉变成低卡路里的食物。

引导用户体验，能潜移默化地培养用户习惯。因为用户体验的本质，就是利用人们已有的感官经验去创造未来的感官经验。引导用户体验，更多是培养、引导用户去习惯这个过程。

就拿"苹果"来说，它的用户忠实度很高的，很多用户表示，用过"苹果"手机再用别的手机就根本不习惯。之所以产生这样的结果，就是因为"苹果"的设计特别人性化，非常照顾用户的日常行为习惯，因此在用户使用"苹果"的同时，也培养了用户新的习惯。

这种培养用户新习惯的过程，就是引导的过程。

7.3.1　引导用户的"笨"办法

引导用户要"笨"一点，"笨"办法往往意味着不高效，可是有时候"笨"办法却能帮助产品经理节约宝贵资源，同时达到有效引导用户的目的。

让我们来看看"糗事百科"是如何引导用户的（图 7-9）。

在"糗事百科"发展初期，获得 ID 并不是一件容易的事。所以"糗事百科"在用户登录的时候就会提示："请珍惜自己的 ID，一旦作恶，ID 将被永久删除。未来将开放邀请码注册通道，获取 ID 会

图 7-9　"糗事百科"界面

非常困难。"

当用户发表评论时，"糗事百科"会提示："请不要发表与本内容无关的评论，您有了账号就是有身份的人了，我们可认识您。"

当用户帮助审核的时候，"糗事百科"会提示："近期（视频）聊天的帖子太多了，希望大家把把关，没有足够笑点的帖子就不要再通过了。"

……

通过一条条很符合自身风格的提示，"糗事百科"明确告知了用户行为规则。这种方法其实很"笨"，可正是这种粗直的"笨"，逐步引导用户习惯了"糗事百科"的内容、风格，让用户明白在"糗事百科"就应该传递笑声，而不是去做些其他的事。

7.3.2　超出用户预期，给用户惊喜

用户打开了一款计步器 App，而后开始运动。运动结束之后，便可以从计步器中清晰地看到自己运动的时间、路程、强度等。这个过程并不会让用户感到惊喜，因为用户在使用之前，已经知道该软件会提供什么服务了。

如果当用户使用这款计步器的时候，可以将运动时间等数据兑换成积分，并利用积分从 App 的积分商城中兑换礼物，这样做就给了用户一定的惊喜了。

周鸿祎说过，超出预期的才叫用户体验，这句话很有道理。所谓超出预期，并不是给用户多少回馈，而是我们产品的品质以及所提供的功能、服务等，超出了用户原本的期望值。

"海底捞"在这方面就做得非常到位。

用户去"海底捞"就餐，不仅能享受到鲜美的食物，还能享受到很多

令人惊喜的"特色服务"：用户过生日时，"海底捞"会为他庆祝生日；当有病人、残疾人在"海底捞"用餐的时候，"海底捞"会提供方便的轮椅；如果是披散着头发的女性用户，"海底捞"会提供橡皮筋扎头发；用户在等待用餐的过程中，还能享受美甲、擦鞋等相关服务……

用户进入"海底捞"之前的期望是什么？很有可能只是好好吃一顿饭，菜品新鲜一点，酱料美味一点。可"海底捞"在满足这些需求之余，又额外提供了别的服务，这些服务便大大提升了用户体验。

7.3.3　正确对待用户反馈

近年来，很多产品尤其是互联网产品的竞争日趋白热化。用户也变成了"急性子"，如果某款产品的体验不好，他们马上就会转投其他产品的怀抱。

面对这样的情况，正确对待用户反馈就非常必要了。企业收集用户反馈的渠道多种多样，比如 QQ、邮件、微博、微信等。可是尽管有这么多的渠道，很多用户反馈还是容易被忽视。

之所以会产生这种情况，不外乎下面几种原因，具体如图 7-10 所示。

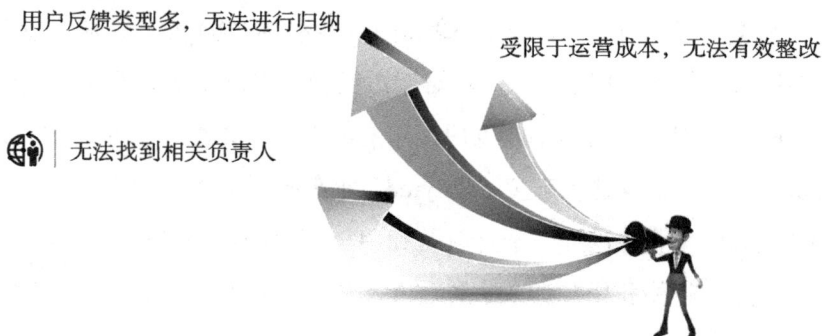

图 7-10　不重视用户反馈的原因

（1）用户反馈类型多，无法进行有效的归纳。

（2）无法找到用户反馈的相关负责人。

（3）受运营成本限制，企业无法针对用户反馈进行有效整改。

在对待用户反馈上，"Flyme"（图7-11）就做得很好。

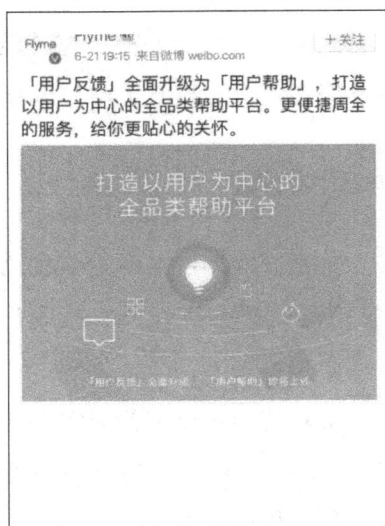

图 7-11　"Flyme"重视用户反馈

"Flyme"最初走的是"小而美"的路线，现在已经被越来越多的人所接受和喜爱。要知道，"Flyme"曾被网友戏称为"bugme"，从中就能看到它的体验如何了。但是，凭借着对用户反馈和用户互动的重视，"Flyme"做到了固定每周一更的频率，以保证用户的有效反馈能最及时地体现在最新的系统上。凭借着这种态度，"Flyme"牢牢吸引了大批用户。

收集用户反馈的过程，本身就是和用户深度沟通的过程。如果我们能重视这一点，就能和用户形成一种"互动式"的产品开发模式，有助于提升我们的用户体验。

7.4 评估用户体验的三大指标

评估用户体验不是一件容易的事，因为用户体验是一种纯主观的心理感受。在互联网时代，用户甚至懒得告诉产品经理自身的体验，只要体验不好，他们就会"无情"地将产品抛弃。

除此之外，还有以下因素影响了用户体验的评估。

（1）缺乏评估用户体验的明确标准。

（2）对用户体验缺乏足够深刻的认识，没有将用户体验贯彻在产品的后续服务中。

（3）无法明确哪些是用户体验的重点。

（4）缺乏行之有效的用户体验评估方法。

（5）成本匮乏，无力进行大量的用户体验评估。

为了能够精确评估用户体验，让用户体验成为我们的产品提供改正、优化的依据，我们必须重视用户体验评估，并且在评估过程中做到以下几点。

（1）所有的评估都是实实在在的数据，不仅详细，还要精准。

（2）所有的用户评估标准都能再现，并且可以进行归纳和观察，以便应用到我们产品的迭代优化中来。

（3）评估用户体验的标准并不是一成不变的，需要随着产品的优化迭代以及运营策略等的变化而变化。

（4）评估用户体验的标准需要一定的周期，在固定时间段内注意验证。

7.4.1 回头率：产品是否满足用户需求

回头率是检验用户体验的重要标准。在现阶段，影响回头率的无非以下几种因素。

（1）技术。在产品同质化日益严重的今天，谁的产品技术最硬、功能最强、价格最低、服务最稳定，用户就会选择谁。

（2）社交。在绝大多数互联网产品中，社交是维系回头率的重要因素。用户会因为对某个人或某个群体有依赖性，移情到产品上，进而对产品产生依赖。

（3）情感。产品注入了情感，才能满足更多的用户，同时也能和竞争对手区分开来。

（4）新鲜、趣味。如今的用户大都"喜新厌旧"，如果产品能在新鲜、趣味方面多下功夫，对于提升产品黏性大有裨益。

在提升用户黏性和保证回头率方面，"美丽说"（图 7-12）算是行家里手。

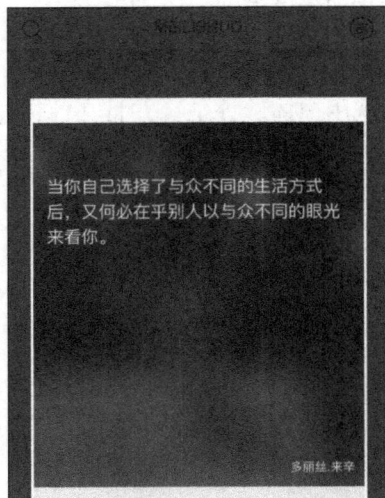

图 7-12　"美丽说"页面

"Hello，我最想宠爱的姑娘：我是美丽说的 CEO 徐易容，你们常说的霸道总裁。不管你的梦想是爱与和平、幸福和美，还是红尘作伴活得潇潇洒洒，我的梦想都只有一个，就是呵护你！疼爱你！宠坏你……"

这样一封"深情款款"的信，来自"美丽说"的 CEO 徐易容。为了让用户体会到 CEO 的认真，"美丽说"进行了相关的改版。

"美丽说"用户发现，个人账户中原有的签到金币变成了美美豆。美美豆不再是不能使用的积分，而是变成了能参与转盘抽奖、全额兑换"美丽说"官方商城产品等福利的"金钥匙"。

不仅如此，"美丽说"的用户还享受着各种贴心服务。比如平台产品 24 小时极速发货、会员都享有平台补贴的退货运费券等。

"美丽说"通过一系列让利和贴心的服务，大大提高了用户的回头率。

7.4.2　使用率：产品是否易操作

假如你打开 App Store 或者 Google Play 去找一款应用，最后找到一个看上去符合自己口味的 App。你下载安装后开始使用的时候，却发现一打开应用就是提示你充值的信息，以及铺天盖地的广告和各种各样的要求。这个时候你会怎么样？大概是毫不犹豫地卸载它了。

由此可见，使用率高不高，绝对是评估用户体验非常关键的标准。

想要提升使用率，就要将影响用户体验的障碍统统剔除，还必须要为用户提供点真材实料，就像"买车达人"（图 7-13）

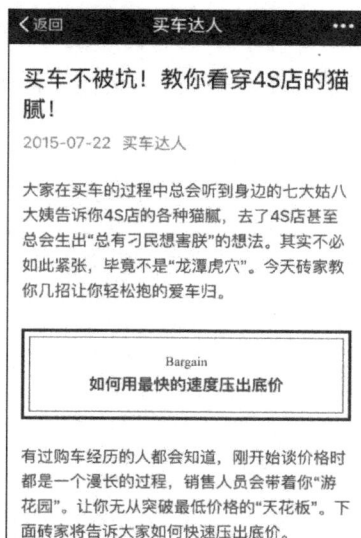

图 7-13　"买车达人"公众号

为用户做的那样。

"买车达人"的页面非常简单，第一次使用便可以轻松上手。注册方便、快捷，为用户大大节约了时间和精力。

"买车达人"为用户提供"私密报价"，为买主和汽车销售人员提供"面对面"询价的平台，努力减少用户买车时遇到的价格水分问题。

另外，准备买车的用户还可以就某款车的性能、性价比等发帖求助，其他车友可以给出中肯的回答。

不仅简单，而且实用，这样的产品使用率才会高，才能成为用户的心头好。

7.4.3　新客率：产品是否有吸引力

产品是否有吸引力，会不会为你带来新的用户，这是评估用户体验的又一大标准。

在过去，女性们经常有这样的困扰：究竟哪一款口红更适合我？我想挨个试一试，但是这太浪费时间了！哎，为什么我无法复制化妆师的手艺？有了"千妆魔镜"，这些就都不是问题了（图 7-14）。

图 7-14　"千妆魔镜"试妆界面

　　"千妆魔镜"是欧莱雅研发中心和好莱坞大型电影工作室跨界合作的结晶。这款产品采用了"增强现实技术"，通过智能手机前置摄像头，让用户就像照镜子一样轻松试妆，并且可以呈现高度逼真的化妆效果，让用户从此可以不用局限于专柜，随时随地想试妆就试妆。

　　当用户使用"千妆魔镜"时，先经过面部快速校准，之后就可以把手机当镜子，点击某款化妆品来试妆。期间，不管用户怎么动，镜子里的面容是不会改变的。之所以有这样的效果，是因为欧莱雅拥有全球消费者美妆信息的强大数据库。欧莱雅深入研究了不同女性的肤色、脸型、皮肤状况等基础信息，以及各种色彩、化妆艺术、妆容妆效等数字化信息，通过"RTTRACK64"面部追踪算法，精确识别面部动态结构，以 3D 的方式再现面部自然状态，所以不管你怎么动，妆容都会跟着你自然变动。

　　这种新奇的功能，帮助"千妆魔镜"迅速吸引了大量的女性用户。

第 8 章

市场拉用户，运营留用户

有些优秀的产品在激烈的竞争中失败了，究其缘由，并非是产品不够好，只是产品运营没做好。

因此，产品经理必须重视产品运营，根据产品发展的不同阶段，规划不同的运营策略，包括人员配备、操作节奏、方式方法等。运营成功了，我们的产品也就成功了大半。

8.1　产品运营初体验

有人说，产品开发是基础，产品运营是辅助；也有人说，产品开发是"生孩子"，产品运营是"养孩子"……那么产品运营和产品开发之间到底存在什么关系？

一般说来，产品运营和产品开发之间的关系大致可分为三种。

第一种：陌生人关系。

在这种关系模式下，产品运营和产品开发是分开的，你不理会我，我不搭理你。既然是"陌生人"，相互不了解，就容易出现工作重叠的情况，造成资源的浪费，以及团队气氛的紧张，这种情况多发于中小型创业公司中。面对这种情况，产品经理最好妥善分配好团队中的资源、工作任务等，避免造成冲突与浪费。

第二种：前后合作关系。

在这种关系模式下，产品运营人员和产品开发人员意识到他们是一个整体，但依然保持"开发负责前端，运营负责后端"的模式，运营人员并不参与到产品的设计开发中。这种模式容易造成缺乏沟通，以及产品运营的主体和产品预期的核心用户相脱离的情况。

第三种：共同努力关系。

在这种关系模式下，产品运营人员和产品开发人员意识到他们是一个完整的不可分割的整体，不仅有共同的目标，还有共同的发展方向。在产品开发阶段，运营人员可以提供更符合用户需求、市场潮流的优化方案；在产品运营阶段，产品开发人员也会提出自己的完善方案和更新要求等。

产品运营越早介入产品开发越好，最好在产品设计阶段就融入其中。这样做的话，会大大缩小我们所承受的运营压力。

8.1.1　运营到底是什么

有位产品经理非常困惑：他的产品论功能不逊色于其他产品，论设计也是尽善尽美，甚至这款产品还是免费的，但即使如此，他的产品还是不温不火。他不明白，究竟他的产品差在哪里？

这位产品经理最大的问题就在于他根本就不懂运营，一味地捧着自己的"产品"，却提炼不出能应对动态市场需求变化的"卖点"，对市场需求和用户反馈不敏感、不熟悉、不明白，这样的"好产品"，是很难在市场上流通的。

那么运营到底是什么？简单地说，运营是连接用户和产品之间的桥梁，一切帮助产品提升商业价值的行为，都叫产品运营。

产品运营主要有两个目的。

第一，成为连接产品和用户的桥梁，并通过一系列的运营手段，刺激用户持续、活跃地使用产品，也就是我们常说的拉新、留存、促活。

第二，成为拉力器，不断进行拉力活动，提升产品的商业价值。

产品运营一般分为四类。

第一类，渠道运营。渠道是我们开展运营的主战场，根据产品性质的不同，我们可以选择网站、应用商城、社会化媒体以及自媒体等作为运营渠道。

第二类，内容运营。你可以讲故事、抒情怀、晒品位、赏新潮……只要我们的内容满足了目标用户的具体需求，并通过种种手段及时推送给用户，很容易就能完成运营。

第三类，活动运营。活动运营是我们拉新、留存、促活的关键。活动运营可以让用户以及准用户积极参与其中，并吸引他们最终留下。

第四类，品牌运营。品牌运营是推广和宣传产品的最佳手段。通过打造品牌、增加美誉度，可以提升用户对我们产品的认可度以及忠诚度。

我们可以通过百事可乐推出的"把乐带回家"的系列微电影（图 8-1）来详细说明如何做运营。

图 8-1　百事可乐推出的"把乐带回家"活动界面

六小龄童无缘猴年春晚，网友们纷纷呼吁"大圣归来"。在这个时候，"百事可乐"推出庆新春的微电影，邀请六小龄童、《大圣归来》原画作者齐帅、90后"守艺人"梁长乐共同参与推出了三部"猴王"情怀微电影。

他们先在微博发文，继而"百事家族"的明星纷纷助阵，相继晒出了"乐猴王纪念罐"的照片。在明星和意见领袖的引导下，网友纷纷参与其中，并询问如何买到"乐猴王纪念罐"。

接着，"百事可乐"又推出了系列广告，并告诉网友哪里可以购买到"乐猴王纪念罐"。

依托广大网友对"美猴王"相关话题的兴趣，"百事可乐"完成了一次成功的营销。

8.1.2　有价的开发，无价的运营

产品给谁用？通过什么方法才能让用户感受到良好的服务？如何才能让用户对你不离不弃？这些都是产品运营需要考虑的问题。

除此之外，产品运营还有以下工作需要完成，具体如图8-2所示。

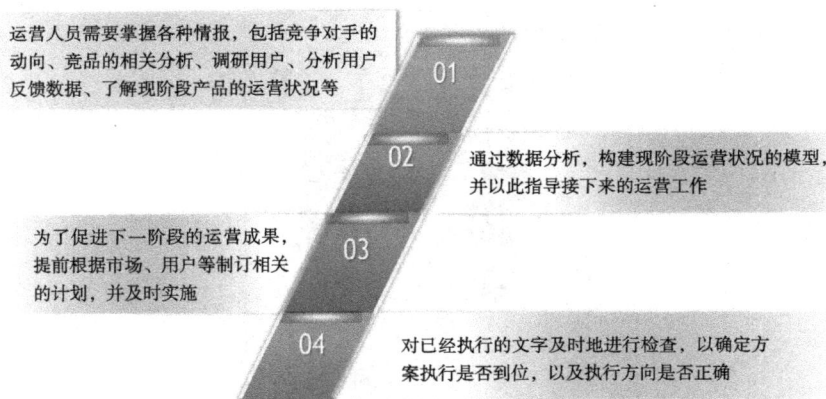

图8-2　产品经理需要完成的运营工作

（1）运营人员需要掌握各种情报，包括竞争对手的动向、竞品的相关分析、调研用户、分析用户反馈数据、了解现阶段产品的运营状况等。

（2）通过数据分析，构建现阶段运营状况的模型，并以此指导接下来的运营工作。

（3）为了实现下一阶段的运营成果，提前根据市场、用户等制订相关的计划，并及时实施。

（4）对已经执行的方案进行及时检查，以确定方案执行是否到位，以及执行方向是否正确。

8.1.3　常见几大运营误区

我们在产品运营过程中经常会掉入各种各样的"陷阱"中。所以，我们有必要关注一下运营中常见的误区，具体如图 8-3 所示。

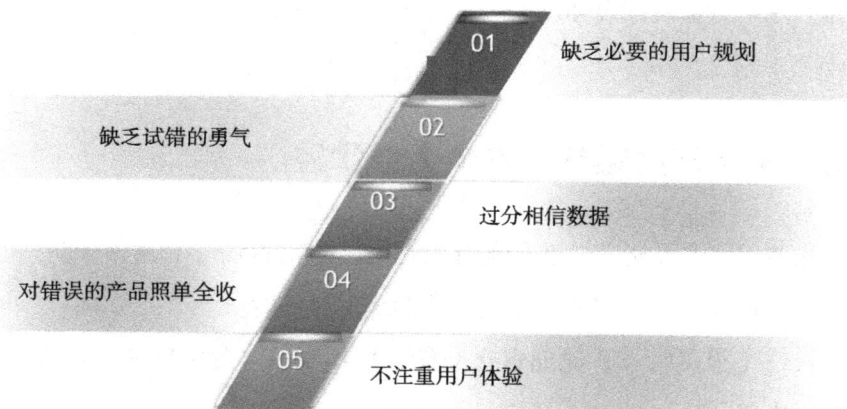

01　缺乏必要的用户规划

缺乏试错的勇气　02

03　过分相信数据

对错误的产品照单全收　04

05　不注重用户体验

图 8-3　运营中常见的误区

（1）缺乏必要的用户规划。在产品上线之后，产品经理应该采取多种方式尝试运营，并及时收集用户反馈，以找到究竟哪种方式最适合核心用户。如果缺乏必要的用户规划，会出现找不到核心用户的情况，延误产品的运营。

（2）缺乏试错的勇气。我们的产品之所以需要不停地迭代，就是因为我们的产品不是完美的，仍有优化的空间。任何一款产品都有可能出现错误，只不过有的错误出在功能上，有的错误出在方向上。缺乏试错的勇气，只能让我们在错误的道路上越走越远。

（3）过分相信数据。有时候数据是会骗人的，所以对待数据的态度一定要认真，只有经过科学地论证和分析，才能得出比较靠谱的结论。

（4）对错误的产品照单全收。很多产品经理认为，不管是什么产品，只要运营得当，都能销售出去。这种想法是不可取的，想要运营好，好的产品是基础。没有这个基础，再好的运营也是无根之木。

（5）不注重用户体验。很多产品经理忙于开发、忙于优化、忙于迭代，偏偏就不在意用户体验。这样的话，产品的用户体验越来越差，新鲜劲儿一过，用户就会逐渐离你远去。

8.2　左手产品运营，右手人性掌控

如何做好产品运营？我们无法给出能"包治百病"的灵丹妙药。但是有一点我们能肯定，好的产品运营绝对绕不开人性。

人性有很多特点，比如喜欢交往、喜欢竞争、贪图便宜、喜欢省事、喜欢猎奇等。

人是群居动物，社交是人性中最本能的需求。在这种需求的驱使下，人们会本能地去认识更多的人，比如我们熟悉的微信"摇一摇""漂流瓶"等，很多产品的运营都借助了这一人性特点。

喜欢竞争这一人性特点在互联网时代被无限地放大，如果我们的产品能满足用户的竞争心理，那么肯定会受到用户的广泛欢迎，比如曾经很火的小游戏"天天酷跑""天天爱消除"等。

贪图便宜简单理解就是希望用最少的付出获得最多的回报，这也是为何很多企业纷纷推出免费产品的原因。

至于喜欢省事，落实到产品运营方面，就是用户懒得动手、懒得思考，所以要求我们提供的产品要操作简单、使用方便、容易上手。

很多人都喜欢猎奇，想知道别人的隐私，不仅是公众人物的隐私，同时还有身边的人的隐私。比如"分答"App，很多用户愿意为了知晓名人对某些敏感问题的回答而去花钱，就是因为这个 App 满足了用户的猎奇心理。

创建于 2015 年的"花椒直播"（图 8-4），从诞生之初便广受关注。尽管网络直播发展时间尚短，但活跃用户的数量十分惊人。

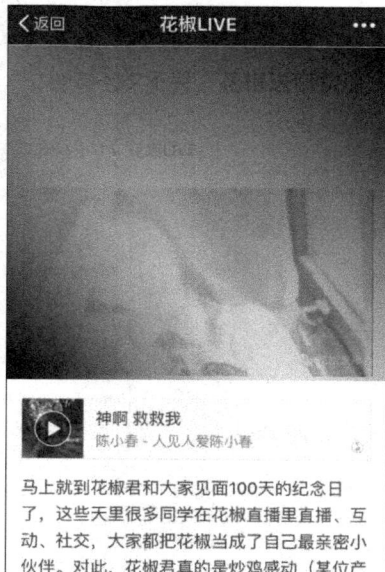

图 8-4 "花椒直播"公众号

"花椒直播"走的是娱乐路线，在这里美女帅哥云集，只要是年轻人喜欢的，这里应有尽有。

主播们直播的内容也是五花八门，在这里可以看到歌舞表演、体育比赛、竞技游戏、八卦新闻……用户可以献上各种礼物表示对主播的喜爱与支持，当然，这些礼物都必须花钱购买，主播也会在直播过程中感谢送礼物的人。

这里有停不住的八卦吐槽，还有红遍网络的美女帅哥，以及数不尽的明星、名人等，充分满足了用户社交、猎奇、竞争等心理需求。

8.2.1 饥饿营销，得不到的才是最好的

所谓饥饿营销，就是指产品的提供方有意地降低产量，进而达到调控供求关系的手段。很多产品走的都是这条路子，在产品研发阶段，就时不时地抛出一个又一个足够吸引用户的"包袱"，但是对于用户最迫切想知道的核心内容却是保密的，吸引用户不断对核心内容进行猜测（猜测的过程本身是口碑传播）。当用户对新产品的期待到达顶峰的时候，产品适时上市，那么用户被抑制的期待便有了宣泄的途径。

在这方面，小米（图 8-5）绝对是行家里手。

图 8-5 小米发布会平台

当小米初上市时，它选择了饥饿营销。在 2012 年到 2014 年两年之间，

小米的同比增长率惊人。特别是 2014 年，小米手机的市场占有率在中国市场位居第一，将苹果、三星等一众竞争对手都甩在了后面。

超高的需求量和超低的开售量相映成趣，通过饥饿营销，小米迅速崛起。

但是，我们必须得说一点，小米的成功和中国的手机品牌还没有完全成熟这一大环境有关。如果新品牌林立、产品同质化严重，这时采用饥饿营销，很可能会让部分没耐性的用户转投竞争对手的怀抱。

所以，我们做产品的时候需要注意一点：是否要用饥饿营销，得由市场大环境说了算。

8.2.2　VIP 式运营，给用户更多特权

人们都渴望被尊重，享受高人一等的待遇。因此，让用户成为"VIP"，便成了商家吸引用户的有效手段。如果我们的产品能够让用户拥有一些"小特权"，用户会更加喜欢我们的产品。

我们看看乐友（图 8-6）是怎样做的。

乐友是中国孕婴童行业领先的连锁零售企业，销售的商品包括奶粉、纸防尿用品、食品、喂养用品、洗护安全电器、玩具、图书音像及文体、婴幼儿服装、车床椅、孕妇装及寝具等。早在 2000 年，乐友便成立了中国第一家孕婴童用户的电子商务网站，开启了中国垂直 B2C 电子商务的历史。

乐友对用户便是实行"VIP"制管理。

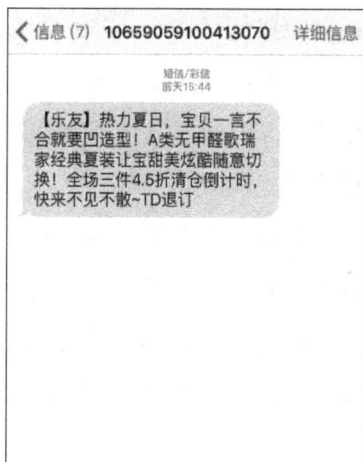

图 8-6　乐友优惠短信

只要用户成为乐友的会员，便可以享受各种便利、各种优惠，同时还能用购物的积分换取各种好礼。这对于增进乐友用户的黏性来说，是非常重要的一项措施。

8.2.3　情怀式运营，用户都爱听故事

互联网时代，人们越来越追求个性、时尚、独立。在这种大环境下，主流往往和"俗"挂靠，反而那些看上去"小众""非主流"的东西，才更容易被追捧。

想要利用这种人性的特点进行运营，我们就必须"包装"我们的产品，情怀无疑是最好的包装品之一。

对于很多80后、90后而言，"红白机"不仅是游戏机，同时也是他们关于童年的美好记忆。

为此，任天堂推出了"红白机"复刻版。新版"红白机"正式名称为NES Classic Edition，比大家记忆中的"红白机"要小一些，是一款超小型重塑经典的游戏机。

它可以通过HDMI线连接高清显示屏，系统将附带30个内置的经典游戏，包括恶魔城、恶魔城2、西蒙的旅程、泡泡龙、超级马里奥兄弟、超级马里奥兄弟2等。

新版"红白机"不支持插卡，但是可以在其他主机上玩，也支持多人游戏，只要在新版"红白机"上插入复刻版的手柄即可。

我们可以看到，"任天堂"推出的这款新版"红白机"，游戏功能和老版相差无几。但依靠情怀的效果，它受到了大量80后、90后的欢迎。

8.3　互联网时代，产品运营所需三大能力

在互联网时代，产品经理要想做好运营，有三大能力必不可少：扩散传播能力、渠道建设能力以及数据运营能力。

在用户至上的互联网时代，如果想要自己的产品走得远一些，就要把产品传递给用户。我们不仅要为用户提供购买的理由，还需要将这种理由传递给用户。这个传递的过程就是考验产品经理的扩散传播能力。

熟悉产品运营的人都知道，渠道是连接产品以及用户的桥梁。想要拥有不断增加的新客户，并留住老客户，必须做好渠道搭建工作。好的渠道，往往意味着大用户量、高转化率。

数据运营能力是指对数据进行分析和优化的能力，依靠数据支撑，产品经理可以提高市场嗅觉，做好运营决策，顺利达到运营目的。

8.3.1　扩散传播能力

很多人认为，在信息爆炸的互联网时代，产品传播并不是一件困难的事。而事实恰恰相反，互联网时代的产品传播遭遇了三个严峻的挑战。

第一个挑战，出现在传播内容上。用户每天都要面对无法计量的海量信息，如何让用户熟知一个品牌尤其是新品牌，开始成为一个难度系数较大的工程。

第二个挑战，出现在传播频率上。越来越多的用户习惯用碎片化时间接收并浏览信息，如何在最合适的时间将信息推送到用户眼前，采用什么频率才能不让用户厌烦，都需要好好思考。

第三个挑战，出现在传播媒介上。在互联网时代，主要传播途径不再

是报纸、广告、电视、路牌，而是开始转向微博、微信等新型社交媒体，如何利用好这些社交媒体成为产品经理面临的难题。

面对这三个"拦路虎"，工商银行是如何做的呢？

工商银行推出的 HTML5 游戏"Flappy 悟空财富增长大作战"一上线就受到用户的热烈欢迎。据调查，游戏上线一周，独立访客数就达到了 40648 人次，页面浏览量高达 50 万。

这款游戏中融入了工商银行的各种产品元素，不仅如此，他们还用生动有趣的方式，为用户普及金融投资交易的相关知识。比如，在游戏中账户贵金属、账户基本金属、账户原油、账户农产品、账户外汇五个道具代表不同的财富值，用户可以积累财富值来兑换奖励。在这个过程中，用户就会潜移默化地了解到不同产品的特征。

工商银行选择 HTML5 游戏可谓深谋远虑，从前几年开始，用户就开始逐渐从 PC 端向移动端转移，而 HTML5 凭借着其互动性强以及社交化强的特点，成为移动端的"新宠"。利用 HTML5 游戏搭台，工商银行便可以用产品唱戏，完成在移动端的"落地"。

8.3.2　渠道建设能力

有了渠道，产品才能和用户亲密接触；有了渠道，才能将用户群打造成"活水"，不断地拉新、留存、促活；有了渠道，才能实现产品的不断优化，继而提升产品的知名度和影响力。

我们这里说的渠道，可以按照类别划分成两种——传统渠道（如电视、电台、报纸等）和网络渠道（微信、微博、论坛、网站等）。随着互联网时代的到来，网络渠道占据了越来越多的比重，很多产品经理更偏向于网络渠道。其实，大可不必将传统渠道和网络渠道对立起来，如果传统渠道也有效果，我们同样不能放弃。

让我们看一个案例，它就是将传统渠道和网络渠道完美结合在一起的典范。

《南方都市报》出现了一则让人摸不着头脑的广告："不玩了！宝宝，我不玩了！一入皇冠深似海，从此刷单是良人。说好的业界良心呢？不说了，涵歌来电话了！"

正在广大用户不明真相之际，歌手薛之谦发表了一条长微博（图 8-7），微博最后引出了《南方都市报》的这则广告——"我也不玩了，涵哥 CALL 我！"

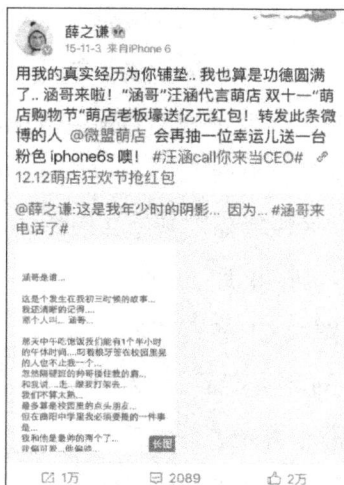

图 8-7　薛之谦的微博

此时，人们逐渐意识到两者是同一个话题，中心就在"涵哥来电话了"。接着，神秘广告真相大白，湖南卫视主持人汪涵和朋友圈一则"微盟萌店"结合起来——"汪涵 CALL 你来当 CEO！朋友，找你的寻人启事可都上头条了！"

这就是将传统渠道和网络渠道完美结合的典范。他们选择的渠道也很棒——传统媒体选择了影响力巨大的《南方都市报》，网络渠道则是从微博切入，最后在朋友圈落地，达到了理想的传播效果。

8.3.3　数据运营能力

如果你负责开发一款咨询类 App，那这款 App 上线后你还需要做哪些工作？

你需要不断测试，找到 bug 并修复它，让你的产品始终保持在最佳状态，才能应对应用商店的推广和宣传；另外，你要不断组织活动，提升用户体验。而保证这一切的前提就是，我们得拥有精准度非常高的数据。

对于产品经理而言，数据分析是一项非常基本的工作。因为数据分析能直观地告诉你运营效果，还能帮助你洞察运营中出现的各种问题，方便你在最快时间内找到最佳解决办法。

我们看看手机游戏"太极熊猫"是怎么做的。

2014 年 10 月 16 日 到 10 月 21 日，3D 手游"太极熊猫"（图 8-8）进行了安卓首测。作为蜗牛旗下的拳头产品，"太极熊猫"所采取的技术都非常先进，包括 3D 端游引擎和真人动作捕捉技术，以及首创的浮空连击技能；玩法也是花样迭出，包括实时竞技、组队副本、巅峰对决等。

这次测试耗时五天，吸引了大量玩家，次日留存率高达 60%，付费率高达 10%，玩家平均等级达到 20 级，而在一般情况

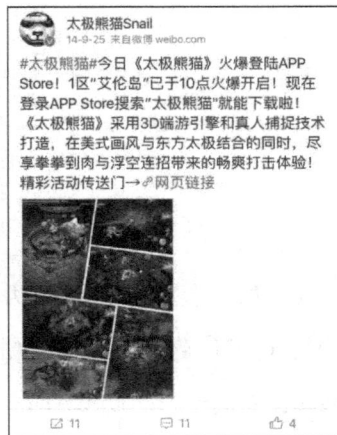

图 8-8　"太极熊猫"宣传页面

下，需要三天的高强度体验才能达到这个等级，由此可见该游戏对用户有很强的吸引力。

通过这一系列的数据，就能很清楚地看到"太极熊猫"的运营初步成功，也能直观地看出用户对哪些功能比较偏爱，便于"太极熊猫"运营方及时调整策略，以优化产品来达到提升用户体验的目的。

8.4　善用激励，刺激用户爱上你

在互联网时代，用户至上，体验为王。正因如此，产品经理在产品开发阶段，需要尽力满足用户需求；在产品运营阶段，则要维护用户的数量、活跃度等。

想要达到这个效果，离不开有力的激励。激励用户，不仅能提升用户的活跃度，还能巩固用户的忠诚度，维持健康、良性的用户生态。

用户激励不能搞"一刀切"，我们需要针对不同用户采取不同的激励手段，具体如图 8-9 所示。

图 8-9　不同用户不同激励

（1）核心用户。作为核心用户，他们是产品最忠实的用户群体，也是需要我们重点维护的对象。

（2）高级用户。高级用户有很大的挖掘价值，虽然他们的活跃度不及VIP用户，却比普通用户的活跃度要高，也更乐于为产品付费，是需要重点激励的对象。

（3）普通用户。我们需要通过引导来激励普通用户，提升他们使用产品的满足感、优越感等，让他们转化为高级用户、核心用户。

（4）路人用户。这类用户不太活跃，随时都有抛弃产品的可能。对待这样的用户，只能通过多方面激励提升其留存率，进而将其转化为更高级的用户。

激励的手段大致分为三类：物质激励、精神激励以及功能激励。

物质激励就是用物质对用户进行奖励。这里说的物质，不仅包括钱，还包括能兑换成钱的实物。就拿百度知道来说，用户可以回答问题来获取积分，并利用这些积分在百度商城里兑换礼物（图8-10）。微信红包、支付宝收集"五福"等活动也都属于物质激励。

精神激励是指通过满足用户的情感诉求，达到刺激用户的目的，这种激励虽然是内在、无形的，但是非常有效果。比如新浪微博上，经常能看到明星和粉丝互动，这就是一种精神激励。

图8-10 百度知道财富商城

功能激励就是利用特殊功能来刺激、

激励用户。拿百度贴吧来说，用户达到高等级，就可以享受一键签到、个性铭牌、装扮特权、魔法道具等功能。

8.4.1 用"很重要"来激励

这种方法很简单，就是将用户的一个简单动作展现在一个大环境中，传递给用户"你这样做意义非常重大"的信息，这种感觉能够非常好地激励用户。

让我们来看看招商银行是如何利用"很重要"激励用户的。

2014 年 4 月 2 日，是第七个"世界自闭症日"。在此期间，招商银行牵手"壹基金"发起"今天不说话"的主题活动，同时还号召人们关爱自闭症儿童。如何关爱？用小积分做微慈善——捐赠 500 积分就能帮助自闭症儿童兑换自闭症康复课程。

招商银行发布的这项活动，响应人数众多，短短十多天时间内，累计兑换了 6669 人次。

为什么招商银行的"小积分微慈善"活动能受到这么多热心人士的响应？因为招商银行降低了公众做慈善的门槛，同时，也在无形之中传递出用户捐赠的积分很重要的理念，刺激用户主动参与并持续关注活动进展。

8.4.2 用"有成就"来激励

很多人都是懒散的，如果我们只为他们设置一个宏大的目标，十有八九他们会半途而废；反之，如果我们将目标分解成为一个个小目标，并利用成就、荣誉等不断地刺激他们的话，目标就会很容易完成。

Yelp 是美国著名商户点评网站，创立于 2004 年，囊括各地餐馆、购物中心、酒店、旅游等领域的商户，用户可以在 Yelp 网站中给商户打分、提交评论、交流购物体验等。Yelp 的功能和大众点评很像，他们将自己的核心用户命名为"Yelp Elite"。想要成为"Yelp Elite"，可以自己申请，或者由"City manager"推荐。

一旦成为"Yelp Elite"，便可以参加由 Yelp 举办的线下活动，比如 Party 之类，这让"Yelp Elite"拥有很高的成就感。

这么做便形成了一个良性循环：核心用户越来越活跃，越活跃荣誉感越强。

8.4.3　用"更不同"来激励

互联网时代，人们对个性非常崇尚。他们认为主流代表了俗气，而小众才有品位。所以，我们可以用"更不同"来激励用户。

Chipell 是一个比较小众的论坛，和大多数论坛不一样，他们不仅对注册有严格的限制（一年中只开放两次注册机会），而且后来还声明："不再定期注册开放，因为要先清理门户，希望大家能够理解和给予支持，并耐心等待。"

Chipell 上聚集的是一群对生活品质有较高追求的人。它有一个版块叫"败家"，在这里，人们晒出各种珍藏的东西，可能是一套紫檀木茶具，也可能是一套定制西装，甚至可能是一枚袖扣……这些东西一般都大有来头，并十分精致。

即便用户抓住了难得的注册机会，但是在规定时间内没有晒单，或者晒单的内容不符合标准，那么等待用户的很可能就是被删号了。

尽管如此，用户还是非常推崇这个论坛，因为这个论坛通过各种行动告诉用户："加入我们，从此你便是与众不同的。"

8.5　只需三步，便可留住用户

某款手机从产品开发阶段便大打情怀牌，并强调手机是由"工匠"们手工打造的。但是，手机在用户的期待中问世后，返修率居高不下，定价偏高，导致手机销售迅速遇冷。

某互联网餐饮品牌曾红极一时，成为互联网餐饮的一个成功典范，但是，很快用户开始反馈其提供的食物并不好吃，这种情况导致用户开始流失。

这两个案例都说明了一个道理：不管你采取了什么运营手段，如果产品不过关，用户不满意，就很难在互联网的大潮中长久生存下去。

毕竟互联网思维的核心依然是用户至上。明确这一点之后，我们还要考虑：我们的用户在哪里，用户通过什么途径找到我们，用户通过什么途径跟我们沟通，我们的后续服务该怎么做……只有想清楚这些问题，才能留住用户。

8.5.1　及时回应用户反馈

产品经理都知道，用户回馈通常五花八门，有反映产品 bug 的，有提出产品改进建议的，有提出创意的，还有单纯只是表达不满的。

这些都需要回应？

当然！在移动互联网时代，对于用户的反馈一定要及时回应，即使他提的建议对于改进产品并没有太大益处。第一时间的回应，最能显示我们对用户的态度。

我们来看看小米对用户回馈的态度。

在过去，手机一旦上市，就不会对性能以及操作系统进行大的更改，即使出现问题，也会等到下一版手机进行优化。

而小米手机却打破了这个传统，他们的操作系统 MIUI 达到了每周升级的频率。如此快速地进行迭代，和小米手机注重用户反馈是分不开的。

小米的产品经理辗转于论坛、微博等网民聚集的区域，尽可能多地收集用户反馈，并快速对反馈进行归纳，解决 bug，继而推出迭代版本。

不仅如此，小米还有一支"编外"队伍——由将近百位发烧友自愿组成的开发组。比如说，小米在周一发布了新的版本，那么周二到周三这段时间，他们便迅速收集用户反馈，周四更新版本，交给发烧友们测试并不断修改，周五便可以直接对外界发布。

凭借对用户反馈的重视，小米成功在手机市场里打出一片天地。

8.5.2　源源不断提供价值

有一款时钟类 App，最初推向市场时反响低迷。面对这样的情况，它推出了活动——"拒绝熬夜，每天打卡"，并且在活动中采用了一定的激励性奖励。

这样简单的活动，却意外受到晚睡族的追捧。很快，该 App 便吸引了一大批用户。但是随着活动热潮的消退，用户的活跃度再次降低。

这个时候，它又适时地推出"放下手中手机，看看谁能坚持最久"的活动，鼓励用户放下手机，去感受周围的一切。这个活动又吸引了很多严重依赖手机的用户，他们纷纷参与其中，并将每天的成绩发布在社交网络上。用户活跃度提升的同时，产品也进行了二次传播。

活动结束后，用户又有沉迷迹象。于是，它再度推出"提升效率，你会用番茄钟吗"的活动，再度引发热潮……

随着这款 App 不断做活动，它终于成长为新用户不断涌入、老用户忠实留存的 App。我们从这款 App 的生长轨迹中发现了什么？

帮助用户改掉晚睡的坏习惯，帮助用户戒掉"手机依赖症"，帮助用户提升工作效率……它的成长过程，就是源源不断为用户提供价值的过程。

"美丽说"也是通过不断为用户提供价值而获得成功的。

在"美丽说"发布的 6.0.0 版本中，卖家能享受到便捷的"一键即卖"功能。卖家只需要打开"美丽说"，为自己想要售卖的产品拍摄相片，并在图片的任意位置加价，配以说明便可以发布了。

产品信息最终的呈现方式是一张配有二维码的图片，卖家可以将其发布到任何社交平台。买家如果感兴趣，点击进入相关购买地址，就能和卖家以及其他用户进行交流，对即将购买的产品有更清晰的了解。

新功能的添置既方便了买家也方便了卖家，提高了用户黏性。

我们在产品运营的过程中需要注意一点，并不是所有用户都有一双"慧眼"，能发现我们产品的独特价值。为了避免用户流失，可以通过运营创造一些浅显的价值，先"诱惑"用户试一试。

8.5.3　及时搭建互动社区

说起搭建用户社区，产品经理都非常熟悉。那么搭建用户互动社区都有哪些好处呢？

（1）能指导我们的业务战略以及产品路径。

（2）能快速找到产品漏洞，便于我们提升、优化产品。

（3）有利于我们在市场竞争中保持领先的地位。

（4）有利于获得用户的支持，提升用户黏性。

（5）可以对产品进行正面、积极的传播。

携程就通过搭建用户社区尝到了甜头。

早在携程推出"攻略社区"频道时，就能看出其对搭建社区的重视。这个在 2013 年就被推出的频道，囊括了目的地旅游信息、旅游攻略、游记、经典点评等核心内容。通过加入社区，用户能轻易地获得有关旅游的各种信息。

不仅如此，在攻略社区，还有按照兴趣和主题聚合的论坛版块。在这里，用户可以找到志同道合的朋友，一起讨论某地的风光、美食。

凭借这几点，携程的"攻略社区"一直很活跃。

2015 年，携程又主办了"中国旅行者大会"，参加人数将近 3000 人。这次社区活动，为旅行者提供了一个线下交流分享和互动的平台。

携程的用户社区不仅线上开花，同时还能延伸到线下，保障了用户需求，提升了用户体验，增加了用户黏性。